你找自己

The Art of Selfishness

〔美〕大卫·西伯里 著
杨小虎 译

北京大学出版社

图书在版编目（CIP）数据

找回你自己／（美）大卫·西伯里著；杨小虎译.—北京：北京大学出版社，2018.10

ISBN 978-7-301-29523-6

Ⅰ.①找… Ⅱ.①大… ②杨… Ⅲ.①人生哲学—通俗读物 Ⅳ.①B821-49

中国版本图书馆 CIP 数据核字（2018）第 097519 号

书　　　　名	找回你自己 ZHAOHUI NI ZIJI
著作责任者	〔美〕大卫·西伯里（David Seabury）　著　杨小虎　译
责 任 编 辑	武　岳
标 准 书 号	ISBN 978-7-301-29523-6
出 版 发 行	北京大学出版社
地　　　址	北京市海淀区成府路 205 号　100871
网　　　址	http://www.pup.cn
新 浪 微 博	@北京大学出版社　　@未名社科-北大图书
微信公众号	ss_book
电 子 信 箱	ss@pup.pku.edu.cn
电　　　话	邮购部 62752015　发行部 62750672　编辑部 62753121
印 刷 者	北京中科印刷有限公司
经 销 者	新华书店
	890 毫米×1240 毫米　A5　10.5 印张　198 千字 2018 年 10 月第 1 版　2018 年 10 月第 1 次印刷
定　　　价	49.00 元（精装）

未经许可，不得以任何方式复制或抄袭本书之部分或全部内容。
版权所有，侵权必究
举报电话：010-62752024　电子信箱：fd@pup.pku.edu.cn
图书如有印装质量问题，请与出版部联系，电话：010-62756370

我们这一代往后，何其幸运，终于拥有了选择的机会，可以选择做一个取悦自己的"自私"的人。父母在，我们也可以远游；不喜欢的工作，随时跳槽；不爱的人，说分就分。但不知道是文化的惯性，还是其他什么，并不是拥有了选择的机会，大多数人就会选择走实现自我的那条路。有些人反而陷入了拉锯式的纠结，当现实和所谓的理想发生冲突时，是为别人的幸福牺牲自我，还是始终如一地追随自己的内心？大多数人仍然选择了前者。其实人生不怕选择，甚至不怕选错，怕的是那之后无尽的抱怨。所以，找回自我仍然是个需要终其一生去探索的命题。

西伯里教授深谙阻碍我们找回自我的无形枷锁，每篇小文就如同一次解锁，一点点去除一直束缚在我们身上的各种枷锁，每个事例都告诉我们：为自己而活，是件值得骄傲的事。

找回自我其实就是善待自己，无法善待自己，其实也很难善待他人。这在思想层面并不是件难事，很多人明白其中的道理，但践行起来仍然需要跨越许多障碍，尤其是自己的这道障碍。这是找回你自己的第一步，需要极大的勇气。的确，找回自我，是为了让自己更好、更完善、更进步、更快乐，但是接受真实的自我也同样重要，坦诚承认自己的不完美，勇于接受这个事实，也是一种强大的力量。

希望未来有一天，我们每个人都拥有说这句话的能力：没错，这就是我！我不完美，但是我爱我自己。

袁 媛

学会爱自己

我们这一代人从小受到的教育并不过多地提倡"个人主义",而是强调"舍己为人"。随着更多的开流,西方文化涌入了我们的生活。单从电影来看,美国英雄主义对我们的冲击无疑是巨大的。我们开始意识到力量也很强大,个体也需要被尊重,并因此开始思考并"自我"这个概念了。

父辈那一代距离"自我"更加遥远,能够实现自我更是凤毛麟角。他们的一生讲牺牲、讲奉献,他们的全部都用于为工作、家庭、他人服务,在他们的概念中,自我就等同于自私,强调自己的需求会是一件令人难以启齿甚于启齿的事。这似乎是个时代的悲剧,他们经历的是一个无数双眼睛盯着的时代,无法袒露出一点点和别人不一样的法和选择,以致许多人都被同化了。残存的未被同化者,要坚强到活出了自我,要么痛苦地消磨了一生。

序 II

活出你自己

在中国文化的语境下,"自私"并不是一个好词。的确,在极端的情况下,一个人可能因为自私而走向自我毁灭,在现实生活中这样的故事比比皆是。这样的自私,实在是一种为满足个人欲望的疯狂行为。本书中所说的是另一种自私,这种"自私"是,按照你自己的方式,朝着你自己的目标,奋力前进。生而为人,我们无法抹杀自己的独特性,无法对自己说对不起。这当然不是一件容易的事情,否则也不能称之为"艺术"。

西伯里博士以丰富的事例,说明人在自己的环境中如何受到他人的各种有形或者无形的控制,沦为他人实现自己目的的工具从而被他人所囚禁。事实上,即使那些真正爱我们的人,也可能无意地为我们设下牢笼,在他们的各种训导和指教下,让我们以他们的看法和感受为看法和感受,以他们的方式为方式。失去了自己的看法和感受,也就失去了自己,失去了生而为人的独特性,可以说,这是人的另一种异化。在生活中,所谓叛逆，事实上正是激烈反抗异化的一种形式，是一种找回自己、活出自己的努力，是一种"自私"的表现。当然，叛逆的方式太过简单粗暴，容易引起激烈的冲突。本书则说明该如何恰当地"自私"，艺术地"自私"。既活出自己的内心，拒绝他人对自己的各种控制，又温和地对待他人，承担起自己的责任。

本书是以故事的形式展开，通俗易懂。但由于写作年代较早，一些表达在现在看来有些难度，在翻译中虽力求周全，但错误也在所难免，请读者海涵。

译者　杨小虎

目录

时代的挑战 [001]

生活之重 [008]

问题解决的关键 [014]

拒绝妥协 [020]

被教育出来的失败 [024]

爱与责任 [029]

幸福何处寻？ [033]

学会偷懒 [038]

胜利之道 [045]

拒绝自我满足 [050]

新黄金法则 [056]

了解你的内心 [065]

不期而至的死亡 [072]

如何拒绝请求？ 「076」

自我保护是应该的吗？ 「085」

生活的智慧 「090」

当牺牲意味着伤害 「095」

愚蠢的贪婪 「099」

制敌之法 「104」

治疗控制狂的解药 「108」

搞定你的麻烦 「114」

高尚的自私 「123」

走出孤独 「128」

关于婚姻 「132」

吸引人的艺术 「139」

当生意面临危机 「145」

爱,并非所有 [153]

麻烦的诞生 [157]

如何面对流言蜚语? [163]

婚姻中的困惑 [168]

把威士忌放回酒橱 [175]

不和谐的性生活 [180]

如何预防自杀? [190]

心烦意乱 [196]

困境之惑 [203]

为什么生活如此艰难? [210]

如何终结悲伤? [218]

离婚的秘密 [223]

事物的两面性 [231]

吵架新技能 [239]

为什么会英年早逝？ [247]

睡眠好，心情好 [252]

生病还是健康 [258]

为金钱而烦恼 [263]

致富与享受之道 [268]

成功的习惯 [273]

接受你的过失 [280]

如何面对危机？ [287]

如何生活得更惬意？ [299]

新权利法案 [311]

找准自己在生活中的位置 [324]

时代的挑战

如果有什么方法使我们对"时代的挑战"不用小题大做,那么我们大多数人大概都愿意对它有所了解。对此,神秘主义者可以聊着来世的回报,学者们则探讨着拉丁语派生词或者四维空间。而我们却在日常生活中挣扎,想着如何对眼下的问题进行补救。

我们能离快乐多近?我们能距痛苦多远?这才是问题所在。遭受命运的种种捉弄与折磨或许会使我们显得高贵,但却并非我们所求;无论如何,那些使人步入死亡的手段早已过时。

人们需要找到一些如机关枪一般高效的武器来保护自己,使我们免受来自工作、家庭和邻里关系的诸多困扰。我们被压抑得太久,需要找到方法来战胜这个贪婪世界中的困难。

但是这种方法存在吗？悲观主义者一定会告诉你，没有；道德学家说，你必须背负你自己的重担；而世俗圆滑的人则认为，世界就是这样的。

但是，我不相信，人类拥有分裂原子和送人上月球的智慧，却找不到方法让生活变得更为简单。

如果我们的社会规范进步的速度能跟上我们物质结构的发展速度，那么一切应该运转正常。然而实际情况是，我们的技术发展到了今天，我们的经济伦理和社会伦理却还停留在过去；我们的政治和文化，已落后人类需求上千年。我们不能在一个如此不稳定的环境中继续生存，我们能做的是，要么放弃我们的技术，要么改进我们的习俗。

我很想知道你们是如何面对困难的。与你们的先辈相比，你们与亲人的相处更为舒适吗？孩子们比过去更好管教吗？工作更轻松吗？纳税变得更为容易吗？

人们认为文明的奢侈品使我们变成了一个宽容的国家，我对此感到怀疑。因为我并不觉得我们文明。我们建造了办公大楼和地铁这些客观的结构，却供那些缺乏修养的人来使用；我们改革了法律，而当我们不愿沦为道德的奴隶时，虚伪的道德却让我们不断地否定自己。

如果我们内心野蛮，那么我们虚有天使般的外表，而借挥动翅膀来掩饰内心的腐化。我们需要以诚实和适合自己的伦理态度，继续前行。

如今，一个因素——迷信——严重地影响了我们的生活，如同几个世纪前一般，直接阻挠了我们征服困难的道路。如果一个男人倒立着，挖出自己的眼睛，来治疗他的痛风，你会怎么看待？这是当时盛行的方法，在那个时候，人们都采用这一方法来解决问题。

以前，人们为了讨好上帝，举行过一些奇怪的仪式，并生怕触犯任何禁忌。如今，上帝的旨意"**人们会怎么看？**"带来的伤害同样不浅。在有些国家，苍蝇被视为圣物，杀害它们是一种罪过；结果，细菌到处扩散，孩子们生病发烧，难受得在床上打滚。美国也存在类似禁忌，使得许多问题无法解决。你无法阻止强势的爱人带给你的压力和分歧的出现。

以前，人们根据自己的想象，为了表达对上帝的崇拜，会迫使你牺牲自己的孩子，并将他们送上祭台。如今，你也会因为类似的"不自私"而牺牲他们，允许一些不好的影响留在家中，即便你知道他们幼小的心灵会因此受到伤害。现在的人们不敢要求行使自己的权利，这种精神上的恐惧，与曾经对"异教徒"的迫害同样愚蠢。它们将造成前所未有的破坏。

人类进步需采取的下一步举措，便是清除那些被我们误称为道德价值，而且被神圣化的愚蠢行为，同时，接受自然的法则。在技术和科学领域，人们已经实现了这一进步。我们不再迷信阴间轮回、华尔街的人都会下地狱那一套，也不再去担心自己会从地球的边缘坠落。

在自然领域，我们已经扫除了迷信。但是，当你对一个心怀畏惧而且因循守旧的人说，他需要放弃黑暗时代的法规——只有将探索生命的奥秘视为一种罪恶时，完美的行为才会出现——那么他一定会震惊不已，悲伤地看着你，摇摇头。

人类自身最糟糕的特点就在于这种傲慢自负。他们残害那些挑战其愚蠢的先知，试图让下一代也受其愚蠢伤害，并且只认为自己的传统是对的。

在科学领域，人们曾经的态度亦是如此，而在经济和法律领域，这种态度依然占据主导。

只有真相代替了无知，人们才能战胜困难；对于那些无法与时俱进的事物，人们不可能长久地忍受。用木头犁地或者坐圆木过河，都曾经发挥着巨大的作用；奴隶制度的存在也曾有其价值；实行了数百年的近亲通婚也曾使人类免于灭亡。敬拜一尊木神，总比全然没有宗教气氛好。

那么，因为某种习俗曾对我们有利，我们便要保留它吗？那是在道德领域我们所采取的态度。

许多不真正的聪明人仍然否定自我的权利，并且非常明显，他们也误解了困难的本质。他们认为人性本恶，因此应该受到压制；他们将不幸视为对不道德行为的惩罚，上帝在他的子民做出反叛行为时，便用这一方法来惩罚他们。

这种认知的存在便是一种不幸。要想抵达绿色原野，你得先穿过荒芜的沙漠；要想森林再次生长，你得学会合理砍伐。

这些都是困难，但并没有人故意安排这些来处罚我们。生命在各种宇宙准则之上。我们的困难在于如何战胜自然的原始本性，人性中的原始本性也同样适用于这一点。人们努力奋斗，发展科学和艺术，就是为了制造宽松的环境并逐渐使思想得到启蒙。每一次胜利都源于脚踏实地。

如果我们不使用我们在控制物质实体时所表现出来的崇高精神去理解人类思想所面临的难题，我们将无法在这个危机四伏的年代取得任何胜利。如果我们想获得再生和引导人的力量，我们就必须树立像利用大自然的力量一样的目标。否则，我们便无法阻止人性的自我毁灭。

这意味着我们必须掌握并遵守两大原则，并将其应用于日常生活中。我将第一个原则称为**人类基本法则**，将第二个原则**称为人际关系中的魔法公式**。毕竟，你不得不承认，对自我满意以及与同伴和睦相处是人生的主要目标。

基本法则可以用六个字来表示，那就是"**绝不自我妥协**"。无论处于什么境地，无论困难多么紧迫，绝不要放弃你的初心。否则，你将悔恨终生，最终将给所有人带来伤害。

魔法公式也可以表述为六个字，那就是"**拒绝自我满足**"。不要因为得意和发泄情绪而感到自满，或者故意与生活抗争。要征服自然就必须遵从自然，毕竟，无所不能的是它的意识，而非你的。

但这并不意味着向偏见妥协，或回到古老的价值取向。这关乎科学，或者说本身就是科学。要想过得快乐，我们必须懂得生活是什么，以及生活是如何展开的。不断地通过内省发现事物的本质，和表现出的外在行为一样重要。权力是宇宙准则的产物；如果道德正确，那么它也会与自然和谐相处。

要把这个思考推断得出来的结论放到日常经验中去检验的话，让我们假设你正在考虑人生中的一些重大事件：上大学，选择职业，选择配偶或者尝试平息罢工。在从前，你会如何实现你的目标？

将婚姻视为交换，根据父母之令选择职业，这些做法仍然存在。即便在大学里面，我们也能闻到迷信的陈腐味儿。但是变化取决于我们。人们见证了最为重大的转变，知识在淘汰传统，人们在根据性格选择工作，人们渐渐意识到有爱才会发生性行为，并结合为家庭，生养后代。社会正义的曙光，暴君的下台，这些正展现在我们眼前。

难道我们不应该采取这些强有力的举措，从无知的黑暗跨入自然世界的光明中吗？难道我们不应该遵从**宇宙法则**和**生态原则**（指以科学发现为依据的一种自然生活方式），放弃那些毁坏我们生活的偏见吗？每个人都必须自己做出抉择。

在战争和国际问题掩盖下的是民族完整性的问题：坚持自我的权利，不受打扰的权利，以及不被奴役的权利。然而，围绕这一问题，人们可能提出一个更为重大的问题，即任何阶级都应享有生存和工作的权利，不受打扰的权利，以及不受奴役的权利。目前,我们正在为了这一伟大使命而战斗。

为完整性原则奋斗(无论是个人、阶级还是民族,都不要自我妥协),并非唯一的世界问题。互助与合作,是人际关系中的构成原则,是对魔法公式的实现,但是目前它们同样等待着我们解决。它们与在交易和传统中占据支配地位的贪婪进行抗争。生存的权利,爱的权利,这些都是斗争的诉求。

在我们的个人生活中,我们应该遵循旧传统还是新传统?我们应该继续当衰微的传统的奴隶,还是自尊自爱,在这个地球上占据一席之地?

至于使我们大吃苦头,带给我们麻烦的贪婪,我们是否应该用互助来取代它?在家庭中,在家族中,以及在社会生活中实行合作,还是维持迄今为止仍决定着我们命运的嫉妒和恐惧?这些都是问题,对你,对我,对整个充满麻烦的世界而言,都是一项挑战。

生活之重

当我们度过了一如既往麻烦缠身的一天,再回首时该做何感想?生活的这种千篇一律会压得人透不过气来吧!

到了七月下旬,天气依旧闷热而潮湿。墙的边缘将河面一分为二,暗红的墙砖,斑痕累累而满是煤灰,这就是哈尔·德弗眼中的部分世界。左侧,阳光洒在水面,照耀着远山;而右侧,煤尘贴在墙面上,一片昏暗。

"这不就像我的生活吗?"哈尔想着,"只不过生活更加单调罢了。"他随意地瞟了瞟左边,几棵树,一小片天空;余下的满是单调的水泥。

令人心悸的并非背负责任的忧伤。虽然工作很无趣,但至少他能忍受。需要承担的事情还有另一桩,那就是养家糊口,这份压力从未减轻过。数年如一日，他耐心地坚持着，这份负担却日益沉重。

每当女儿内莉和她妈妈吵完架，都会到门口等着他，以便获得他的支持，继续与妈妈做斗争；每当儿子杰克在学校遇到了困难，作为父亲，他都需要对儿子进行教育；他的哥哥总是开车上班，并第一个到达办公室；然而，他想得最多的是他的妈妈。毕竟妈妈生养了他，无论如何，他必须将她放在心上。

那景色再看也没什么意思，该回家了。他整理下领带，离开办公桌。加班了这么久，家人还等着他回去呢！他拿上文件——香肠宣传的材料、专利药品的材料、香皂的设计图以及他的香烟账单。多年来，他一直都做着这些。

眼泪跑了出来，哈尔有点不好意思，于是快步走向了电梯。当他还是个小男孩时，他就觉得生活不太对劲儿。他总是为别人付出，人们却并不感到满足。他就像他们的长工，很少被当成他们的朋友，更别提享受到平等的对待。

当他还是个小男孩的时候，哈尔就梦想成为一名艺术家，描画出无垠的天空，还有深沉的大树。他努力地给刷子蘸上色彩鲜明的颜料，他的想法始终充满了活力。他觉得画板是他吸引他人的工具，帮助他驱走生活中的枯燥与乏味。

数年之后，一个小女孩降生了。艺术家的梦想消失在他的生意兜售中，带着残缺的艺术梦想，他整天为支付房租、餐具、洋葱、新的帽子和每个新生孩子的费用而挣扎。背负着压力，犯愁着生计，为生活中出现的不计其数的意外麻烦而焦头烂额。

曾经，他的思路直接而清晰，如今却变得迂回而曲折。有时候，他躺在床上，脑子不停打转，想象着那些他还没有遇到的问题。他与自身的关系，与事业的关系，与婚姻的关系，所有的事情都相互纠缠在一起，如同一团乱麻。但这些并不是他最恐惧的，最让他感到惊恐的，是那种病态的垂死的痛苦，这种痛苦禁锢着他的大脑，使他变得麻木，生活过得毫无意义。他对此感到愤怒，他觉得也许到了80岁，他还得承受着同样的负担。

陷入类似徘徊的人并不仅仅局限于那些有创造力的人。虽然现实社会常常会打击那些理想主义者，但理想主义者并不是命运唯一的牺牲品。当然，这种挣扎并非男性独有，女性也同样成为命运的奴隶。女人们知道自己什么时候会感到厌倦，将男人作为安全的港湾并不是生活的全部。有时候亲昵会带给人愉悦，但这种好心情却并非常有。哈尔的妻子就是如此。

梅格常常得想方设法来安排家用，照顾丈夫，还有抚养小孩，将一分钱掰成几份，每一份都花在刀刃上。对她而言，生活总是麻烦重重。

哈尔总觉得，和梅格相比，自己背负了更多的重担。难道不是他维持着她的生计吗？难道她不是一直待在家，受着他的保护，并且能够随心所欲地"消遣时间"吗？

只有对处于这种境遇中的双方都了解的人，才可能拥有客观的立场。假如哈尔与你关系亲密，忍不住向你倾诉他的境遇。他会讲到他妻子所面临的压力吗？抑或还是只讲自己的呢？或者让我们假设一下，假如梅格是你的朋友，某天她情绪低落，于是向你倾诉她遭遇的重重困境。你会不会去想哈尔为生活努力了吗？每个人都觉得自己遭到了误解，只要求他人，于是双方都觉得不自由。其实，只要多一点沟通，偶尔浪漫一把，出去跳个舞，看场电影，问题便能迎刃而解。但是他们却被责任压得喘不过气来，相互之间疏于交流。

在哈尔看来，他觉得自己像奴隶那样工作，而妻子却奢侈无度，她的家人是势利的白眼狼，她过度地纵容孩子，而且总是想方设法地控制哈尔。他说她从不给自己独处的空间，却又受不了争吵后她对自己的怠慢。他觉得她已经不爱自己了，他们的婚姻也没必要再继续下去。

而梅格则讲自己是如何劳累，生活有多么不便，邻居有多么难以容忍。她感到无能为力，对人、对生活的信心，还有对宗教的信仰，都消失了。

上文描述的这种场景言过其实吗？其实你知道，并没有。它就发生在你的邻居中，你的朋友中，甚至你的家里。这就是美国人的生活，至少是大部分美国人的生活；多愁善感的人恐怕不这么认为；这也不是漫不经心的人看到的生活；只有深入到事情核心的人，才发现它是这个样子。

为什么会这样？原因在于**恐惧**！对自私的恐惧。因为害怕释放出自己的天性；害怕按照自己的本性来生活，于是向自己妥协，向爱妥协，还有向生活妥协。

愤世嫉俗是一个紧迫的问题。我们该如何对待我们的疑惑？我们该如何避免面对生活时的无能为力——这种在年轻人中日渐滋生的干腐之物？

如果哈尔认为他多半的努力都"毫无意义"，梅格也领悟到他们所做的牺牲纯属浪费。他们为哈尔的哥哥费了那么多心思，他还是没任何改变；内莉也不会因为他们做出的牺牲而变得更加强壮和健康；同样地，梅格对于哈尔妈妈的嫉妒的极力忍耐，也只不过是使她自己受苦。他们二人相互依靠的基础早已不复存在。

我们所推崇的生活模式的失败，我们面对错误的道德时的失望，都会在我们每个人的家庭中传递着不愉快。建立在"无私"基础上的责任正破坏着这个世界。它使得人们：

接受他们最终无法忍受的亲戚的存在；

与冒犯自己的人为邻；

从事与自己的愿望背道而驰的工作；

为避免对他人造成伤害而与自己不爱的人结婚；

为了避免显得无情而维持一段自己无法忍受的关系；

接受没用而且会让未来打折的责任；

为了支持他人的享受而做力所不及的事；

把他人当作自己的责任,而那个人完全可以照顾自己;

担心自己的发展看上去"不切实际"而拒绝发挥自己的天赋;

为了维持和睦而接受密友的唠叨或支配;

违背诚实的感情,仅仅因为他人认为应该而做某事;

为了遵守古老的传统,而拒绝基本需求。

如果我们因胆怯而屈服,不敢遵从自己的意愿,那么会造成更多的懊悔。对自我的恐惧,是最大最深的恐惧,是最为常见的错误。它只会催生失败,使生活沦为笑柄,并带来绝望。

对于希望快乐的你来说,没有任何事实、利益或顾虑比它更为重要。要挣脱外在环境的禁锢,你必须具备足够的勇气。但是我们必须了解,新的自由并不意味着混乱。从科学的态度看,贪婪、欲望、放荡将无枝可栖。我们并不是为了证明我们这个时代的疯狂。

我们并非捍卫当下年轻人中显而易见的野蛮无礼:他们淡漠自私,伤害花园里的花儿,将车开进壕沟,嘲笑你的多愁善感,讥讽你对上帝的忠诚。

如今这种猖獗的自负并非是更好的道德成果,它的滋生源于失控。年轻人不屑于先辈们逐步式微的价值观念。无拘无束、犯花痴还有粗鲁冷漠已经太常见。但是,这种蛮横傲慢和贪婪反叛并不等于有益的利己,相反,他们愚蠢且荒谬。

问题解决的关键

在人的一生中,烦恼总是在所难免。

无论我们拥有多少财富,抑或处于多高的地位,疲劳都不可避免。家庭和工作的琐事,亲戚们的贪婪,还有孩子们的顽皮,都会给我们带来压力,无人可逃。

这些烦恼可以避开吗?生活能够变得更为舒适吗?还是应该说,烦恼与生活本就如影随形。或者我们是否应该说,这是独立个体部分之间和个体与个体之间相互作用的一种表现?我想这样,你想那样。人们的目的总会不时相互冲突。我们不想伤害别人,却又希望他们照着我们的意思做事。困境是生活的一部分,个人愿望的不同自然也会造成诸多不便。

这些年,我问过很多人一个与此相关的问题。一个小男孩，在旅游时与父母走散了，很多天都没能与他们取得联系。当焦急万分的父母找到他时，他却丝毫不觉得自己的走失给父母造成了多大的悲伤。我们该说他的这种行为自私还是不自私呢？

许多人都这样回答："如果他是我的孩子，我绝对会教训他。"

当我建议朋友们阅读耶稣年轻时在殿堂里与那些富有智慧的人相处的故事时，他们不说话了。我也曾分享过另外一个故事。一个单身男人，放弃了自己的工作，离开了自己的家人，并且没告诉他们自己的去向。当他的母亲和其他家人找到他时，他竟然质问他们，说他们没有权利这样做。他的做法自私吗？他说："谁是我的母亲？谁又是我的兄弟？"这是多么令人伤心的质问啊。

后来，这个男人受牵连卷入了政治。他的行为被认为是在闹革命，于是被逮捕。最终，他死于狱中。他的一生中从来没有考虑过亲人的感受，从而在行为上有所收敛。

总有人告诫我们，要追随耶稣的步伐，要根据耶稣的行为来塑造自己的行为。在自己的追随者面前，道德领袖们总是遵从自己的内心，将奉献视为自己的责任。而真正顾全大局的人，我还真没见过。通常，他们的家庭关系总是被忽视。

导致这种忽视的原因并不难理解。人们不可能在随心所欲的同时又不违背道德准则。这二者往往无法同时成立。

在我们这个时代，人们都崇尚"无私"。然而，或许有一天，我们会为了解决问题而去研究"无私"在阻挠我们前进时所起的作用。我们将明白，它有可能致使精神崩溃和婚姻破裂；它会促使人们犯罪，并导致自杀。但是，即使最强烈的贪婪和嫉妒，产生的后果都无法和拒绝他人相提并论。

只要我们解开了这个谜团，并知道如何聪明地面对所处的境遇，那么成功处理好日常问题将变得简单。对于大部分问题而言，解决的关键并不在于困境本身，而在于我们如何面对它们。

此外，它还是我们不可或缺的智慧；是我们用来创造理想结果时的载体。对自己的忽视不仅会导致徒劳无益的行为；更严重的是，很多行为看上去大公无私，但它的结果却往往给行为者带来伤痛。

善与恶在某个时刻或许并不好区分，因为聪明或愚蠢的判定要接受时光的验证，而结果才是唯一的判定标准。

事实上，自私与否都无关乎你与另一个人之间的关系，它们都是生活的一部分。当理解了它们的真正内涵时，自私与不自私都善良且美好。

如果你的生命毫无活力，那么你也不可能为你所生活的这个世界做出贡献。相反，你只会变成一个负担。建设性的自我保护是人的首要职责，当无法承担起这一职责时，我们便成了生活的寄生虫。

每一个生命,自其诞生之初,便开始不间断地寻求自己的养分。人所需求的食粮有情感上的,有精神上的,也有物质上的。当一个人不再寻求、不再要求时,那么他对这种养分的权利便削弱了,而且由于他对自己这种与生俱来的权利的否定,他沦为了一个负担。如果缺乏最基本的自我关怀,那么这种"无私"是不明智的;如果使人善良的机体受到限制或者伤害,那么这种善良的力量是不长久的。**你,只需对自己负责**。

真正的伦理结构和宗教的生命力都有赖于这一简单的原则。皮埃尔·珍妮特博士曾经说过,不热爱自己灵魂的人是不正常的,因为他作为一个公民,无法使自己的生活井然有序。只懂得仁爱的人亦是如此。这是一条普世的规则。卷心菜的价值,在于它如何实现对种子的承诺;奶牛的价值,生来即存在于它自身的健康和成长;每一种生物所提供的价值都离不开这种自私。

当否定生物体保持自我的责任时,这种否定是违背生命的,同样也是邪恶的。

在生命完结前,人们对基本权利的放弃都会导致一定的堕落,无论这放弃有多小。只有尽可能地让自己散发光彩,才是对他人负责。

这就是为什么皮埃尔·珍妮特博士建议人们学会自爱,因为自爱能促使人保护和开发自己的特质。这种高尚的自私就像对宗教的崇拜,而对自我的仇恨则如同对造物者天性的批判。

谴责自己就是谴责上帝。对自我特性的感谢和对生命责任的接受，是对敬仰的简单表达。

这一原则对理解困境至关重要。它是我们解决问题的关键。不参考这一原则，我们便无法避免那些过时的观点带给我们的影响。人们并没有了解，真正的无私并不是一种牺牲，相反，它是人们遵照宇宙法则对自我的利用。

遵循宇宙法则，且心甘情愿受其约束的人并不自私，他以科学的方法发现这些规律后，会不断实践它们。从社会中索取远多于给予的人是贪婪的，他依赖于私自占有的收入而生活。如果一个人每天都跟随自然赋予他的天赋去做事，并努力实现建设性的可能，这样的人是真的无私。当需要克服自我放纵，而某人却坚定地拒绝时，这是虚伪的自私。尽管某人为了坚持自我而违背了家人、朋友还有其他受其选择之苦的人的期望，我们仍不能称这个人是自私的，相反，他很无私。

多年前，我决定出国发展我的事业。那年，我母亲62岁。有八个母亲的朋友写信给我，说我母亲年纪大了，希望她在世时我能陪在她身边。但是我还是选择了出国。我母亲在她93岁那年过世。她的那些曾写信给我的朋友们都谴责我，认为我很自私。我母亲的很多愿望都未能实现，但是在她去世前几周，她告诉我，我为她做过的最好的事情之一就是离开她。

如果当时我没有离开，那么我得等到50多岁时才能开始我的事业。如果当时我没有离开，我的心中肯定会充斥着不满，而这种不满对我们关系的伤害比我的缺席所造成的伤害更为严重；如果当时我没有离开，我也不可能拥有为他人提供经济和精神支持的能力，因为，这些能力都源自我的工作。

拒绝妥协

一天之内,约翰·康斯太勃尔经历了两次激烈的争吵,一次是同自己的老板,另一次则是与自己的妻子,并且每一次都悲惨无比。吵完后,他觉得一切都完了。这会儿,约翰正慢慢走向站台,打算去乘火车。他并不是想要逃避,也没想要离开,只不过不知道该做什么而已。他有望在中西部找到一份新工作,因为他大学室友的爸爸是那边一家公司的总裁,这家公司可以雇用他。他对自己的离开一点都不感到抱歉,尤其是听了妻子埃塞尔说的话。在她的眼中,他就是一个失败者。

"你永远只会让人失望。"她这样说他。

他真的不感到抱歉,至少在现在这种情况下。要制作出两位老板——斯科德纳和斯内尔所要求的配方真是没有可能。他当他们的化学工程师已经十二年了,也曾帮他们做过一些不好的事,譬如制作一些劣质的东西,并帮助他们敛财。但是,他们让他制作的最后这件产品简直就像谋杀。

埃塞尔这样说他:"你总是不愿意服从游戏规则,所以我们的生活一直都在原地踏步。在过去的七年中,有五个曾经在你之下的人已经升职,并且职位在你之上了。你要知道,人在职场,身不由己。你却跟在自己家一样,又蠢又自私。其他人都可以跟我出去参加舞会、晚宴还有牌局,就你不肯,你觉得这样子我们能够加入贝菲尔德乡村俱乐部吗?真的很可惜,你那讨厌的冷漠毁了一切。"说这些话的时候,她的眼里还充满怒气。

事情就是这样。他曾经努力去适应,还参加过很多次那些聚会。约翰苦涩地回忆着过去的场景,那时的他,尽力地追求贝菲尔德类型的成功。

在新公司工作两年之后,约翰·康斯太勃尔终于可以把妻子和孩子们接过来了。这两年间,由于他在新公司得到了认可,并且工作也做得不错,所以他都是定期把钱汇给他们。他把斯科德纳和斯内尔觉得生产成本太高的那些发明卖给这家公司,而公司使用他的发明后付给他的专利税已经足够使他富起来了。

然而,促使约翰在信中改变对妻子语气的,并不是他的财务自由。他告诉妻子,自己已经变了,而且他还说,他们夫妻俩的重聚，必须建立在一种全新的基础上。

"我已经找到自己曾经**失败的原因**了，无论是工作中的，还是与爱人关系上的，"他写道，"这种失败都是由以下两个错误引起的，**一个是妥协得不够，另一个则是妥协得太过**。每个想要获得成功的男人，都必须选择好自己的道路。在过去这两年之前的生活中，我失败是因为我不愿意全力以赴去追求自己想要的东西。在获取财富的过程中，我做不到冷酷无情。在大多数情况下，我都不甘不愿地妥协了。我不敢坚持自我，也不敢坚持我的正直。现在的我，已经学会了这些。我要彻底地拒绝妥协。在现在的公司里，人们都欣赏纯粹的正直，这很少见。在他们的眼中，我首先是一个科学工作者，在这儿工作的目的是为了帮助他们开发有用的产品。

在这儿，我还交到了一群朋友，他们愿意接受我本来的样子。如果在这个基础上，你愿意带着孩子们过来与我相聚，那么我希望你们能来。如果你不愿意，那就算了吧。"

埃塞尔最终选择了与丈夫相聚，这表明在我们社会化的面具下，还隐藏着激情的焰火。她愿意去适应和享受这种新的经历，使得她更加具有女人味儿。

或早或迟，我们每个人都会面临与约翰和埃塞尔同样的选择。然而当前的文化环境并没有强求我们去跟随他们的脚步。放弃对正直的坚持并接受妥协，或许确实可以解决我们很多的问题并获得某种意义上的成功。至少在一定时期内，一个人是可以凭借傲慢和欺骗来"过活",并通过更加精明和狡猾来超越和击败他人的。如果约翰仍然选择为斯科德纳和斯内尔工作,去帮助他们研发欺骗公众的产品,或许他也能获得同样的财富和社会地位。他完全可以这样做——**如果他本性就是如此的话**。

战胜困难的艺术无关乎道德,而是与个人的品质和毅力紧密相关。只要我们对自己充分了解,并且选择追随本心的生活方式,那么所有困难都能迎刃而解。**一旦我们在行为和生活方式上接受妥协,那么沮丧就会乘虚而入。**

被教育出来的失败

几年前,我曾和一个男人坐着聊天,我们就叫他彼得·科吧。我们聊天的时候,洛基山脉蔓延在我们眼前,天空非常明亮,还飘浮着朵朵白云。

他若有所思地说道:"很奇怪,我真的曾被教育成一个失败者。我的故事并不离奇,不过结局倒是挺好。"

"你怎么被教育成失败者的?"我问道。

他的答案是这样的:"使我怀疑自我,甚至恐惧自我。这种情况在我很小的时候就开始了。我父母偏爱我的一个哥哥。他长着一头卷发,想要的东西一定会要到手。无论在什么情况下,我都得让着他。家人老是珀西长珀西短的。那时候我觉得这样做是我的责任。他去上大学的时候,我得留在家工作。当我的生命中开始出现姑娘的影子时，我却羞涩而迟疑。我爱上了海伦，可是我母亲不喜欢她。母亲还说服我，陪伴在她身边是我的责任。我父亲那时候身体不好，没多久就过世了。

然而，几年之后，我母亲的想法又变了，她觉得我应该结婚。于是，她为我挑了一个她老朋友的女儿。我最初是反对的。虽然艾格尼丝很好，但毕竟我不爱她。我妈妈一边哭一边说道，'你们多般配啊，多令人高兴啊'。此外，我当时打理着我父亲的生意，而艾格尼丝的妈妈拥有其中的一部分股份。如果我和艾格尼丝结婚的话，我们就可以拥有更多的钱了。最终，我屈服了，其实每次我都这样。因为如果不服从的话，好像看起来很自私。"

"但你的妻子爱你啊，不是吗？"我问道。

"爱我？她也是迫不得已。和我一样，她也是被她妈妈逼迫的。再说，我太讨厌她了。"

"你妻子？"

"不是，我岳母。她几乎每天都对艾格尼丝说，自己为了生下她受了多少苦。其实她自己也知道，这些都是假的。大多数小孩来到这个世上，都是情爱的产物，而不是由于高尚的动机。至少，穷人家的小孩就不会这样说。像我岳母那样的女人真是可怕。你应该知道我是什么意思。她们除了自我否定，再也不会做任何其他事情了。

巴斯太太一再地提到自我牺牲，但实际上，她自私到了骨子里。当然,她不得不这样,因为她已经严重依赖他人了。她毁掉了自己那几个大一点的孩子的人生,她的占有欲使得他们失去自我价值,一个因肺炎去世,而另一个则几乎养不活自己,就像在回应她的训斥一样。但是,她要求艾格尼丝为她做出牺牲,而艾格尼丝的做法,便是让我来承担这份牺牲。"

"真是命由前定啊。"我轻轻说道。

"不,这是她们认为,并打算做的,但那不过只是生活愚弄了她们而已。你瞧,人性中总有一些东西是富有弹性并充满反抗的,命运常常在我们觉得它可怕的时候对我们施以善意。总之,我那时候的生活就是,我欣赏我的妻子,但是我不爱她;我尊重我的家庭,但是我不喜欢它;我尊敬我的两个母亲,但是背地里又讨厌她们;我继续做我的工作,但是我却不适合它。这一切都是因为责任。天呐,多么讨厌的词语。见鬼的'责任'!大多数的'**责任**'都是对美好事物的亵渎。"

我点点头,说道:"它们并不叫责任,只能叫无知的迷信。"

"只要我们信仰'责任',它们就会导致破坏。还好,命运对我还是善良的。在我的折腾下,生意失败了,我们因此而一贫如洗。我患上了肺结核,差点死掉。当时,一个远房亲戚在位于科罗拉多的农场里给我提供了一所房子,于是我过去了,就我一个人。我用了五年时间才恢复健康。我的妻子和两个母亲不得不出去工作。她们来到外面的世界,见到其他人们，这都是对她们的拯救啊。并且，她们中有两个人都找到自己的爱人了。"

"哪两个？"我问。

"我妻子和我母亲，"他笑道，"真的，我妻子和我母亲。在我离家三年的时候，那时我恢复得很慢，艾格尼丝就爱上了别人。她写信给我说想离婚。之后我开始好转。第二年的时候，我母亲写信给我说她也找到了生命中的爱人。令人惊讶的是，自此之后我竟然迅速恢复了。于是我决定与她们保持距离。

通过这个故事，我想表达的是，如果上天没有介入我的生活，使得那份我并不适合的生意走向失败，并且让我生病，那么我还会觉得忍耐以前的那种境况是我的责任，虽然那种境况从头到尾就是个错误。那种错误的态度不会带来任何好处，它只会导致不幸。我们对我哥哥的溺爱毁了他，他从来不约束自己，跟一群放荡的人混在一块儿，开始是酗酒，最终死在毒品上。再瞧瞧我和艾格尼丝的婚姻给两个家庭带来的痛苦吧。真的，先生，如果你不遵从自己的内心，最终总会出现问题的。"

"你怎样做才是遵从你的内心呢？"我问道。

"第一，在我父母让我屈服于我哥哥时，违背他们的命令。第二，拒绝继承我父亲的生意，因为我根本不喜欢它。第三，离开家去接受我所需要的那种教育。我现在是一名商业设计师，如果我上过艺术学校的话，我的事业应该可以更好的。

第四,无论我母亲怎么抱怨,我都不会与艾格尼丝结婚。第五,海伦可是我整个少年时代的梦中情人,我要娶她。你要出来见见她吗?她已经是我的妻子了。"

我走了出去,亲眼见证了一段幸福的婚姻;阳光总在风雨后,不是吗?

爱与责任

她怀孕了,她真的怀孕了。简突然感到特别恐惧,就好像在黑暗的地方有个东西在恐吓着她。又仿佛有几根手指在喉咙里面挠着,她觉得自己快呼吸不过来了。先是恶心,接着又是一阵发寒。不行,她得振作起来。

她已经一动不动地坐了一个小时了,想着事情。丝薇薇是他们养的猫,刚睡醒,还伸了伸懒腰;雪花飘落在窗户上;外面有人在抖着火炉。天呐,她怀孕了,怀孕了,她该怎么办?

她并不是不想要小孩,结婚三年来,她和汤姆一直在聊着这个话题。但是现在还有一些其他的问题,其中一个便是关于她的事业。毕竟,这是很现实的问题。她准备了十二年,辛苦工作了十二年。而她的母亲却让她放弃事业,唉,仿佛她天生就该如此。

她不该告诉母亲关于汤姆的工作的,更不该说他有三分之二的时间都花在不值得的事情上。汤姆,唉,汤姆必须得加油了。希望他不要受到那些阻止他成功的事情干扰。汤姆是个真正的男人。

"你真是一个奇怪又自私的女人,"她母亲这样说她,"你奇怪而又自私,你既想留住你的丈夫,保持你现在的生活,又打算要小孩。"

她真是这样吗?简感到很疑惑。然而,她又听到一个细小的坚定的声音在说:**不是的!**母亲的观点太讨厌了。她仿佛看到自己拖着沉重的脚步慢慢地走着,就像一个病人一样,不敢再想更多,这已经足够令她颤抖了。接下来又会怎样呢?她费力地回想着自己认识的女人,看看有谁是她母亲眼中不自私的那种类型。

对,福瑞屯小姐。她曾是自己的大学同学,个性非常有趣,而且非常出色。但是现在,天呐,你简直没法想象。尿布和锅碗瓢盆,这就是她现在的生活。梅布尔·索尔特好一点,但是跟她聊天会让人觉得作为人类,感受到生命的悸动就像是一种绝望的假象、一次勇敢而无望的尝试。她以前可以滔滔不绝地跟你谈政局,也可以轻松地跟你聊科学发现。但是现在,在经历了一些事情后,她不再是过去那个梅布尔了。

简并不是固执己见地认为每个女人都应该有自己的事业,

其实她不这样认为。但是无论如何,也不应该在她为工作准备了这么多年后,将工作从她的世界中夺走。然后只能好好地享受婚姻,生下小孩,麻木地背负着这份责任。这才是让她伤心的地方。付出的乐趣被剥夺,取而代之的是残忍的道德重压。如果能免受那些持反对意见人士的诋毁的话,家庭和工作两者兼顾本是一件自然而美妙的事情。

难道不可以同时拥有自己的孩子和事业吗?像舒曼·海肯和路易丝·荷马那样,很多人都做到了这一点。简没法再想下去了。因为门突然开了,汤姆走了进来,脸上还带着怒气。

"嗨,亲爱的,见到你真好。刚才我与你父亲聊天了,所以回来得晚了一点。而且……"他停住了,因为他不希望那些从她家里听来的浑话伤害到她,"你父亲说我应该劝你放弃你的事业。他好像憎恨你有工作一样,还谈到了你的责任。你知道吗,这种态度真让人讨厌。"

狂喜瞬间充盈了简。她穿过房间朝汤姆奔过去,扑向他怀里。

"天呐,汤姆,天呐,听到你这样说,简直就像天籁之音,我很想留住我的事业,虽然很辛苦。但是他们太残忍了,我真的不是自私,真的。"

"我当然知道你不自私了,亲爱的,"他大声说着,还轻轻地拍着她的背,"我们又不是生活在他们那个年代,在爱与责任之间也没有他们说的那么多冲突,他们说的只不过是迷信的东西罢了。每个女人都有权继续工作，并拥有自己的事业，只要那份事业不会干扰到生活。"

"妥协的女人也不好，"简抬起头来看他，"女人并不需要特意走出家门或者做一件特别的事。我力争的是一种态度。一种坚持自我而不屈从于习俗的权利。我不想失去自我，而仅仅作为你的妻子，一个母亲，一个家庭主妇，或者其他任何身份。事业不重要，让我放弃它也没关系；但是我不能放弃坚持'简'，而这正是他们希望我做的事情。现在我算是明白了。我知道那些陷在责任中出不来的女人身上发生过什么了。她们妥协，抛弃自己的吸引力，沦为一种半死不活的生物。我绝不会成为那样，绝对不要。"

汤姆紧紧地搂住她："亲爱的，还有我呢。我也想了很多。我有个想法。你知道在美国导致离婚的最大的原因是什么吗？"

"不知道，是什么？"

"无私。像你父母那样的人们所提倡的无私。在这种无私中，女人的地位没了，她们所嫁的男人也消失了。人们管男人留下的那个叫……"

"母亲，"简突然说道，"家庭主妇，还有社会习俗。对，就是这样。男人们建立起来的习俗——不过，我不怪他们。"

幸福何处寻？

赛西斯博士心满意足地走出了实验室。他的生物化学实验取得了新进展，看样子很快就能研制出一种新的控制疾病的药品了。

秋高气爽，他昂首阔步地向前走着，一边还四下打量着。一艘渡船正横过哈德逊河，看着这一幕，他沉思着，生活多美好，人类的前途多么光明。人们掌握的知识越来越多，击败的困难也越来越多。对神圣科学的敬畏突然就让他陶醉了。

一个小时后，赛西斯到家了。进门就听到一阵吵闹。他听到他的哥哥正坚定地警告着什么；他的伊莉莎阿姨正抱怨着什么；一定是哪个孩子……他没法再想下去了。因为他看到他的妻子出现在了门厅，眼里充满怒意。他们都带着谴责的目光盯着他。

赛西斯连忙恢复镇定,将思绪收好。虽然他什么都还没做,但是根据长久以来的经验,他知道在某种程度上,自己得为楼上发生的事情负责。

"怎么了?"他试探性地问道。

"卡尔决定要和卡拉维家的那个女孩结婚。"赛西斯夫人厉声说道。

"噢,为什么不可以呢?"作为父亲,赛西斯博士温和地问道,"他不是爱她吗?"

"他还要去南美工作。"

"噢,为什么不可以呢?"博士先生重复道,"他很适合那份工作。"

"还有他竟然让卡拉维家替他付船票钱。"

"噢,为什么不可以呢?他们家承担得起。"

"约翰·亨利,你别太过分了。那个女孩比他大,还离过婚。卡尔应该去帮他叔叔的忙,他叔叔的生意需要他;至于说到接受人家的施舍,我觉得你简直是不可理喻。你用你那些科学的观点,把自己的孩子养成了一个自私而又自负的家伙。"

"也许是吧。"约翰·赛西斯低声含糊地应了一声,然后急匆匆地向书房走去。

他能对他的妻子说什么呢,他对一切都无能为力。她总是把生活搞得乱糟糟,也不会处理家庭的问题。**即便是百万富翁**

也解决不了家庭的问题吧，这些人总是坚持着自己的想法。他们不明白，人们必须遵守生命的法则，而且生命的法则有待于人们本着科学的精神进一步去发现。

换句话说，工程师们所遵从的那种秩序的规则，每个人在生活中都应该看到并实践它；就像爱迪生接受它，作曲家、设计师和艺术家追随它一样。只要我们还活着，生活就是一种充满创造性的体验，它绝不会出现对基础规律的任何偏差。就算事情处理后没得到同等的回报，你也不能表现得丑恶。

我觉得，世界上的人可以分为四类：无情的利己主义者，他们是贪婪的；自得的墨守成规者，他们总是遵循着一定的信条；盲目的反叛者，他们不会屈服于任何规则；还有信奉科学的人，他们努力遵循着自然法则。

当面对生命中的种种困难时，新与旧两种态度之间并没有一个交汇点。我们走向了两条不同的路。那些尊崇"旧的即是好的"方式处理问题的人遵循着严格的规诫与习俗。而那些通过科学发现而努力探寻自然规律行事的人，则遵循另一套价值体系。

如果你向一个陈旧思想的追随者咨询如何解决你的问题的话，他的答案一定会受到他本身道德偏见的影响。而如果你转而咨询一个科学爱好者的话，他则会基于他的洞察力来给出建议。后者给出的建议在前者看来往往是自私的。

妥协者不认为亵渎个性很邪恶，就像野蛮人觉得对身体的伤害是理所当然的一样。对那些不赞成这种畸形思想的人来说，不妥协是诚实的一条基本原则。而成为一个病态的**中庸之士**是不可接受的。

面对这种分法，把生活过好不仅仅是智慧的问题，它还需要勇气。你也许很聪明，能够找到实际的解决方法，但是你有勇气践行这种方法吗？如果没有，那么你很可能还是个愚蠢的人。

因此，除非你在处理问题的过程中明白了什么是真正的正确——要么沿用老一套，要么服从宇宙法则，否则对你来说，没有正确与错误之分。在讨论如何解决困难时，我们该做的第一件事就是站在我们自己的立场，明确决定各种可能的方案，并阐明它们所导致的结果。

信念是具有力量的。如果你相信真理是站在你这边的，那么你会拥有十倍强大的力量；如果你怀疑自己的决定，那么最伟大的智慧也会变得软弱无力。具体地说，别人给了你一些实用的幸福小秘方，而如果你的理智与情感不能保持一致，那么采用这些小秘方只可能给你带来痛苦。你简直无法想象赛西斯夫人会去听从那些与她想法不符的建议，即便这些建议能够帮助她有效地解决她作为父母的危机和她的婚姻危机。

这就是为什么说，如果你不相信人家提出的建议，那么这个建议永远不具有实用性。信赖是非常重要的。没有了信赖，斗争便会从一个单纯的事件上升至影响人的心情。在两个选择之间左右为难,而无论选哪一个,都无法让人充满信心。

如果让我提供一些关于如何战胜日常困难的参考点,那么第一条便是:"如果你没有发自内心地认同某一条建议,那么无论这条建议有多么好,都不要参考它。"

而我想提出的第二个警告是:"不要因为关于人类行为的某种思维方式得到了普遍认可,便相信它是正确而完美的;它们很有可能与你批判的某种习俗一样愚蠢。"

学会偷懒

出租车从车站快速地驶了出去,埃尔伍德·温特斯坐在车上,脸上带着一丝苦笑。很快,他就会到达自己曾经奋斗多年的地方,回到他的工作中,这个曾经让他挥洒青春的地方。

他在经理办公室见到了新经理法恩斯沃思。他正舒适地坐在办公室,默默地抽着烟。法恩斯沃思拥有很多属于自己的时间,他曾多次说到这一点,而温特斯为了完成这些任务得花费大量时间,经常是从早忙到晚。

"你是怎么做到的?"埃尔伍德问他。

"能找到人帮我做的事,我从来不会自己做;如果我能想出办法或者通过指导完成的任务,我也不会亲自动手。我们生活在当下这个机械化的时代,根本不需要我们自己划船穿过海洋,也不需要我们用双手去挖沟。我们有工具,我可以让那些智能工具帮我做事。"

"管理公司要用到哪些工具和方法呢?"温特斯想到了那些曾导致他失败的罢工和怠工,疑惑地问道。

"有三个,"法恩斯沃思笑着说道,"一个方法和两个工具。第一,我发现鼓舞士气是非常重要的。于是我组建了一个职委会并让他们来处理谁该升职的问题。第二,我还引进了我们曾经在学校用过的自治会。当时你也是学生自治会的成员吧!那时候不是由学生会管理所有的纪律吗?"

"为什么问这个?对的,是这么回事。"

"是这样的。我在公司采用了同样的方法,并且这个方法很有用。职委会可比我严格多了,不过员工们都吃那一套。第三,我有一个专门负责业务发展的实验部门。它的影响能辐射到我们工作的各分部。每个员工每个月必须在那儿待上一天,用这个机会来了解到业务的问题所在,因为这与他的工作是相关的。员工每提出一个建议都会得到奖金,创造的每一个发明都能获得报酬,发明的每一个配方都能得到酬劳。销售和宣传也是如此。

人们都非常喜欢这个研究带给他们的创新精神,并非常渴望这些竞争机会。我们的销量上去了,并且捷报频传。然而,最好的地方在于,人们亲眼见证了我们的生产和销售工作。现在,基本上不用我指挥了。他们自己管理自己。事实上,我还打算把权力更多地放给车间呢！新鲜的观点与诸多的努力同样重要。毕竟，方法总是有的嘛。嘿，你记得在学校时候的那个我吗？"

温特斯点点头。他觉得现在提到这个问题是不明智的，因为现在这个令他钦佩的法恩斯沃思在学校时可是个让学生会头疼不已的人。

"我知道你为什么不说话，"法恩斯沃思笑嘻嘻地说道，"我那时太蠢了。不知道你还记不记得森布里，我们的英语老师。他曾经是我的法律顾问，在学生法庭为我辩护过一次，他帮我免遭开除的方式我一直记得。"

"其实我被指证的那些事情我都做过，并且在强硬的学生法庭上我根本没有胜算。那时是春天，我们偶尔会南下。我常常在其他校园里面玩，看着那些接受军事训练的学员，想着等我回到家时我父亲会作何反应。关于我的案子，森布里看起来却很冷静，并信心满满地笑着说我肯定不会被开除，他说：'孩子，总有办法胜利的。我希望你能留在这里，我想教给你一些东西。'

于是我留在那里。他的方法真的很简单，就是放弃辩护，整个法庭都大吃一惊。我可是唯一的见证人。当时，他让我站在被告席上，并承认了对我的每一项指控。我的案件并没有牵涉其他人，我全都交代了。然后，森布里总结道，'各位法官先生，你们拥有了一个关于坦白、诚实和良好竞技精神（光明磊落)的最佳典范,'他接着温和地说着,'被告用他自己的真诚证明了他是一个纯洁而诚实的美国男孩,他被卷入了一场自然的恶作剧,而我们每个学校都得处理这种恶作剧。学院曾公开宣称能将不同个性的男孩培养成真正的男子汉。如果法庭的结论是要开除他,那么我们无疑欠他父母一个道歉,并应该收回我们对美国公众的承诺'。

他们当然不能开除我了。森布里仅仅是搬出了学校的价值观来帮我辩护。我猜他们根本就没把那份法庭报告寄给我父亲。你知道吗?我父亲是一名律师,他能很快地理解森布里的逻辑。

自那以后,我在学院里面学到了很多东西,但最重要的便是意识到,总有一种方法能为你所用,并帮你解决困难。"

在回车站的路上,温特斯回想了在疗养院待的这几个月,还想到了所有的花费。他还算了一下自己本来可以挣到的工资。这些都是自己太过拼命的代价。或许有人会觉得埋头苦干并不值得,像他这样也的确如此。但这并不是事情的真相,他现在算是明白了。是他工作的**方式**出了问题。如果方式不对,那么埋头苦干只会无休止地消耗自己,而且永远都得不到认可。太好了,他吸取教训了。他得换种方式来做他的新工作了——这得益于法恩斯沃思。

曾经,穿过一片大陆是非常危险的事情,虽然当时也没人那样做,但是现在人们已经运用科学克服了远距离的问题;曾经，建一个专门织棉布的场所是一个无止境的任务，但是通过发明自动化的机械，现在它也变成了一个简单的事情。

成功处理问题包括两个方面，第一是要有埋头苦干的态度，第二是学会在处理社会关系时驾驭自私。做到这两点，那么生活中的问题都能迎刃而解了。

寻找更好的方式便是人们努力的目的。即便是一个力气巨大的人，当他从黏土中搬起一块沉重的石头，也有可能会伤到自己的后背，但是利用铁橇作为杠杆便会很简单；在地下挖一个很深的洞，提取地下水和油曾经要花上数年，但是现在我们用钻孔机来开采，就变得容易而快捷了。

人类每一次的征服活动实际上都离不开方法和工具的使用。在客观领域，这个事实是必然的结果。然而，在处理私人问题和主观焦虑时，这个原则却被我们忽略了。我们不仅没有想到这些方法，我们甚至还怀疑它们是否有效。就像我们的祖先反对每一次机械的进步一样，他们也曾嘲笑那些认为"生活中无可动摇的事实"能够被攻克的人。因此，我们绝不会想到，对境遇的控制大多取决于我们对它的态度。

也许你的困境是关于爱情，我的问题在于对钱、食物、衣服或者住所的焦虑，这些其实区别不大。最重要的是我们如何来面对它们。带着满满的不确定感，被困于难解的困境中，试图弄清楚状况并尝试找机会克服困难的，都是我们。与其去乞求金钱，倒不如祈祷给予我们洞察力，激活我们创造财富的能力。

会赚钱的永远是头脑清醒的人。只要意识的局限性导致了精神上的妥协的话，权力、富足、地位乃至快乐都不会长久。

不懂得方法并努力寻求方法的人，以及缺乏独立性和从容心态的人，都需要调整一下他们的人生，从而使得他们的智慧运转起来并为他们赢得财富。如果我们依然随心所欲而对有利的事件视而不见的话，那么对客观目标再狂野的追逐也不能给我们带来生活上的如意。

一次又一次地克服困难，是生活的一部分。当我们做出改变，运气也会随之变化。使自己的生活井井有条，是处理个人与生活关系的重要途径，因为这样的人能够带着崭新的面貌来应对事情。相反，对于做不到这样的人，似乎命运总会毁掉他们的努力，而他们也更容易觉得自己是受害者。

这就是为什么说"**绝不自我妥协**"这一信条对聪明地活着如此重要了。如果你无法从容，那么你的力量也会受到限制，用来解决问题的方法也会比较死板。

你是如何面对困境的？

面对困境时，你将关注点放在哪里，决定着你能否有效地解决问题，以及你是否会沦为环境的牺牲品。

你是怎么做的？当工作过多时，你是手忙脚乱呢，还是会尝试减轻负担呢？当受到麻烦困扰时，你是停下来寻找更好的解决办法呢,还是焦躁地忍受着那些障碍呢?当感到工作压抑时,你是设法做完它,并对它进行改进呢,还是心中充满怒气呢?了解自己面对困境时的关注点所在,远比一一列举困境的真相重要。

害怕危险是没有希望的,除非你能找到方法对抗它;

害怕传染病需要你去攻克细菌;

你无法避免他人的粗心给你造成的损失,除非你能学会处理好自己与他人的关系;

如果他们不愿让你独处,那是因为你也还没学会这样做;

不公正会一直折磨你,除非你能知道如何避免被它击败;

苦难存在的目的是为了唤醒你、教育你,并迫使你运用你的智慧来解决生活中的问题。你将关注点放在哪里,你能否冷静、坚持和审慎地面对苦难,决定着你是否过得快乐。如果能做到这样,那么**成功将开始属于你**。

胜利之道

生活中最奇怪的事实就是,人们从来不关注效率。从人们说话的方式可以看出,人们都对那些成功的方法感兴趣。是的,我们都喜欢听他人谈论关于成功的理论。

多年来,帕梅拉·斯特德曼一直都在观察她的姐姐柏妮丝,看她如何以一种简单的方法成为家人关注的焦点。如果家人要购置衣服了,第一个肯定是买给柏妮丝;如果要上声乐课,柏妮丝就会去上课;如果计划去欧洲玩,去的也一定是她。

柏妮丝总是焦点。不仅她父亲是这个大女儿的疯狂崇拜者,她的母亲也会花很多时间陪她逛街,然后花上几周时间在她的衣服上,缝缝这,补补那。

私底下,帕梅拉曾对这种偏心感到很奇怪。她觉得奇怪的地方就在于,每个人都觉得这种偏心是理所当然的。后来,帕梅拉终于弄明白是怎么回事。给她启发的是一本通俗小说,小说的主人公与她的处境一样。在小说中,作者并没有大篇幅解释为什么帕梅拉在家里不受关注,而是生动地分析了姐姐所采用的方法,即发脾气和奉承双管齐下。故事里面最受关注的姐姐,为了表示对父母的报答,她迎合和奉承他们所做的一切。她用购物派对来引起母亲的兴趣,用送礼来赋予一家之主权力感,永远让他觉得自己伟大而完美。

偶尔,当交际手段不起作用时,她也会用发脾气来代替她常用的奉承。"多像处理国际事务啊,"作者这样评论道,"永远耍手段,偶尔也来个'**友好谅解**',如果手段失败了,便以发动战争来威胁。"总之,她很会来事儿,总有一些事情需要调整,总有事情需要做决定,运用感情攻势,巧妙地表达不满。

自此之后,帕梅拉便开窍了。她观察她姐姐所用的技巧。但是,她是她,姐姐是姐姐,她怎么能做到和姐姐一模一样呢?她搞不定她的父亲,她爱他;她也不愿意对母亲谄媚,因为那样子太无礼了,就像她们之间根本不存在深厚的情感一样。柏妮丝用这种聪明而肤浅的方式却成功了,而她却做不到。她知道,与自己相比,柏妮丝付出的情感并不会更多。

帕梅拉仔细地考虑了自己的问题,她相信一定有原因的,要是她能找到就好了。后来,当她弄明白后,对于曾经的无知,她自己都感到好笑。她一定要报答父母,这是理所应当的。这种报答并不是为了得到奖赏。人在本质上都是自私的。她一定要获得一些成就,让父母对她有信心,给予他们一些东西,就像柏妮丝的脾气一般,来改变他们,使他们不得不注意到她。

当她意识到自己多么想帮着父亲做生意,减轻他肩上的负担时,她知道这二者必须联合起来。"我肯定能成为他的得力助手,"她这样告诉自己,"家人都体谅他,难道不是因为他是家里的顶梁柱吗?"

后来,每当她回想起从前她是如何轻松地赢得这场"战斗"时,她都不禁莞尔一笑。她出差,证明了作为一个女性采购员对公司的重要性。母亲为她做这,父亲给她做那。当然她也绝不能累着自己,她一定要穿得比其他人好,这都是生意的需要。

帕梅拉觉得用表达爱来回报她新收获的快乐以及父母给予她的温暖是一件很容易的事情。至少,她找到了一个获得胜利的秘诀。

帕梅拉结婚后,新的问题又出现了。随着时间的流逝,她的丈夫开始挑剔起来,对她照顾孩子的方法吹毛求疵,对她做的每一件事都不满意。这件事带给她的不快持续了很久,直到她决定要采取一些有效的行动来解决所面对的问题,就像她在家时为了赢得家人的关注所采取的行动一样。难道她真那么无能吗？她很想知道。

为了弄清真相，帕梅拉决定采用商业生涯所教给她的那些方法来处理婚姻中的问题。她开始记日记，在日记里面记录了每天的生活，以及丈夫突然对她发火时的情形和他说的话。然后，她假装无意地，对于丈夫觉得她处理不好的那些事情撒手不管，当然，是以非常温和的方式。

"这事你来做吧，"她对他说，"我肯定做不好。"

然而康拉德做得并不比她好，甚至常常比她还差，这时候她就会在相应的页面大概记录下问题。很快，康拉德就爆发了，他无法再忍受这些事情，并对她说，他不擅长做这些事情。

"嗯，我觉得你是对的，康拉德。你不擅长做这些，要不然还是我来做吧？"

"需要的时候我可以帮忙。"他建议道。

"真的吗，亲爱的？你愿意读一读这本日记吗？我每天都记了，并且还记下了具体时间。很快就能读完。"

确实不用很久。康拉德只花了很短的时间就读完了，不得已地读着自己的唠叨。

"我**不得不**让你读它，康拉德，"帕梅拉温柔地解释道，"人们失败都是因为他们不知道如何保护真相。"康拉德没回话。他只是环住妻子并抱紧了她。

每个人的生活中都会遇到转折点，它们常常是一些小小的举动，却标志着我们是奔向成功还是走向失败。我们不断地做出这些举动，欢乐抑或痛苦随之而来。帕梅拉，坚信**绝不自我妥协**，并充满活力地勇敢面对自己遇到的问题。这些问题若处理不好，其后果则无法挽回。很多女性在婚姻中都委曲求全，而她，将自己解救了出来。

拒绝自我满足

贺拉斯·黑德利森又把信读了一遍。信中说让他提交辞呈，语气礼貌而坚定。对贺拉斯来说，这没有什么稀奇的，他总是麻烦不断，而且这些麻烦还不仅仅限于他的教学活动。其实，几乎没有人说他课上得不好，他很能干。就算他曾多次与行政主管发生冲突，也还是有很多学校想要聘请他。

"这在我们的朋友中影响很坏，你应该知道，贺拉斯，"他妻子说他，"你跟阿斯伯里瑞吵架，还冒犯了威斯尔比斯。自从你跟妈妈那样说话后，她现在都不来我们家了。我厌烦了被批评和责备。每次你犯错了都要狡辩，在大多数情况下都让我为它们负责。"

海伦有权这样说他吗？贺拉斯对此很怀疑。正义是站在他这边的啊，只是人们都不愿意看到正义罢了。他满脸不快地回想自己从上学以来的生活，简直充满了争吵。但是他都是有正当理由的啊！在大多数情况下他都是对的，在听到人们说，他当年坚持的观点在他离开后都得以实施时，他是感到很满足的。至于与他们朋友和他岳母的事，他也是对的啊。他只关注简单的事实，说需要说的话。

真是这样吗？贺拉斯又开始想着。当其他人偶尔像他说话那样直接时，自己觉得舒服吗？他们的傲慢不也让他不愉快吗？在那种情况下，他们不是仅仅在表达自己，而根本忘记了在讨论什么问题吗？

贺拉斯痛苦地回想起那个粗暴的老家伙，他是那么严峻。如果，海伦嫁给了那样一个人，她就知道什么是好什么是坏了！老贺拉斯可是容不得别人半点儿质疑他的立场的。

一点亮光闪入了他的脑中。他父亲是个强势的统治者，手握权力，是个实实在在的自负者。他的话语和意志就像圣旨，他想要怎样便怎样。他用这样的方式来经营自己的生意，员工都因为害怕而奉承他；他也用这样的方式来管理家庭，没有哪个孩子敢跟他对着干。

在他家根本不会出现一般婚姻中的争辩场景。黑德利森太太遵从她丈夫的意愿。贺拉斯觉得他好像找到了这个秘密。如果人变成了一个地位稳固的独裁者，那么他可以想说什么就说什么，并使自己的目标付诸实行了。不过，他这一生还只能做到一半而已。

难道没有别的了吗？谅解正在这位教育工作者脑海中渐渐成形。他回忆起裴斯塔洛齐曾说过的一些话，他说没有人能够通过告诉其他人应该做什么而教会他人；人们应该帮助他人**发现**真理，而不是向他们**宣布**真理。当然，这种错他也犯过。如果他能为了自己关心的东西而放下自己的自负，把自己的骄傲放在一边，那么这些烦心的事或许就不会出现了。

他回想起那些输掉了的争辩，他表达了自己的观点，但是带来破坏的并不是他的诚实。他总是试图通过自己的意愿使他人接受自己的观点，只不过没起到作用而已。但是他必须要变成一个奉承的、圆滑的并且对结果漠不关心的追随者吗？还是他能学着为了良好的意愿而放弃他的个性？他一定得，因为——想到这儿的时候，贺拉斯自己也笑了——他向来不是个一板一眼的人。

我们每个人都是如此。如果你不想成为家庭或者工作中的暴君，如果你不是不讲理的统治者，并且你也不愿成为无助的下属，那么你应该放下你的骄傲，热情地寻求自然而然的决定和合作。互助才能带给人快乐。可以用强权来统治，但是爱才是最终的赢家。无论纠纷多么微不足道，无论家庭中、工作中和聚会中的争论多么随意，道理都是如此。

解决与亲密的人之间的问题并不难，实际上解决方法很好理解和运用，只要你——当然，前提是你——愿意运用它。这个方法就是遵从规律。如果一个人更加关注自我荣耀而不是自我发展，那么他也不可能成功地面对生活。

就像**自我的基本法则**确定一般行为的成功一样，**魔法公式**则是解开了人类关系之谜的钥匙。不要让你的注意力受到带有情感色彩的杂事干扰，也不要把注意力集中在让人激动的结果上面。保持问题的客观性，情感不要跟着问题走；不要牵涉其中，也不要主观判断。把它们当作是一次有趣的经历，在每一次新的冒险中尽力做到最好。

假如有这样一个场景，你的工作正陷于困境，而你正好收到了老板写给你的信，这封信偏偏还让你勃然大怒。如果你告诉老板，他把你置于现在的境地时你的真实想法，结果会是怎样？你可能会被炒掉！

你希望被炒吗？如果你的目的是保住这份工作，那么你必须妥善处理这种情况，尽量不去恶化自己与老板的关系。如果你更希望达到这个目的，而不是向他表达你的情绪，那么你应该不带怒气地与他聊一聊。

或者假设你是一个女人，而你的丈夫已经离开了你，离婚已是在所难免。你们还有一些家庭问题需要解决。虽然很久之前你就已经意识到嫁给他是一个错误，但你还是因为他的一些行为而惩罚他。你希望通过你们的谈话达到什么目的？你希望在那种悲伤的情境中与他发生激烈的争吵，从而证明你们多年的结合是恶心不堪的吗？如果你真这样做了，你一定会怒气冲天的。

但如果你考虑到孩子和双方的家庭，如果你希望维持与这个曾和你亲密生活过的男人间的互相尊重与友好，那么你肯定不会犯下这种可怕的错误，让他觉得"这个女人太轻蔑了"，相反你会表现得很礼貌。

当行为无理而粗鲁时，**拒绝自我满足**这一原则会涉及生活的方方面面。如果孩子的行为让你沮丧，你会做出一些什么样的改变？你可以通过惩罚使他继续与你做对，你可以通过歇斯底里的唠叨失去他的尊重，你可以通过辱骂他而使他背后讨厌你，你也可以通过充满爱的理解和温柔的解释来促使他进步。

这并不是意味着让你为了儿子"好"而做出情感上的妥协，而只是让你**在不改变目标的基础上，对行为做出调整**。

理解建设性的自私的一个好处就在于，它能使我们远离那种破坏人际关系的看似自我牺牲的行为。要说有什么东西比将"无私"视为一种责任更令人恶心，有什么东西比强制性的善良更烦人，哲学家们也还没找到吧。盎格鲁-撒克逊的美好的单词"stink"（惹人讨厌）真不应该进入礼仪社会。在我们被阉割的文化中那些缺乏活力的人看来，这个词是庸俗的，它只配用来描述自我满足的"无私"所散发出来的那种气味。如果一件事不是他自己非常想做，并且做这件事能让他感到快乐，那么不要让他帮你做任何事情。这是生活艺术的最高智慧。

关于合作，大多数人都有一个错误的观点。那就是他们都觉得，与他人共事时，自己应该根据对方的特质进行调整。如果你想合作失败并且双方都不愉快的话，那么你是该这么做。**自尊的人是不愿意屈服于他人的意志的，否则也不能算是合作**。在需要的情况下你可以做出让步，但是你必须坚持，你的伙伴也同样如此。

当船快沉了，我们需要合作划船，那么我们应该根据风暴的大小和划船的方法来做出调整，我们屈服是由于时间紧急。当我们进行舞蹈合作时，我们应该将自己交给音乐的节奏和舞蹈的旋律。如果双方目标一致，那么根本就不需要一方追随另外一方。

新黄金法则

贾斯珀·贾德森闭上眼睛，仿佛这样就可以关闭记忆中那些痛苦不堪的画面一样。他是个消瘦的小个子男人，手紧张地扯拉着桌布，声音里面充满了疲惫与绝望。

"我最爱的就是弗兰克，"他终于开口了，"我为他做了该做的一切。当我还小的时候，我没有什么机会为他做事，可是长大后我都已经回报他了。"

"你为他做了什么？"我问道，其实我知道我将听到的答案。

贾德森好像没听到我的问题。"我在一座工业城长大，当我6岁的时候，就不得不出来做一些零碎的工作。我也上过一点学，但是等我12岁后，我的母亲就让我出去全职工作了。

其实也没那么糟糕,我喜欢工作。只不过我也很想学习。我过去常常看书到半夜。我就是那么过的——白天工作,晚上学习。"

"那你什么时候玩?"我放低了声音,以避免听到他暴躁的回答。

"玩?!"看来我降低他火气的尝试并没起作用。"玩!"他重复道,"我从来不玩。"

"所以你才想给弗兰克创造可以玩耍的条件?"我接着问他,仿佛这个问题最明显不过了。

"不,"他吼道,"不是。我给他的都是我曾经错过的东西。他3岁时,我给他请了保姆。保姆来自北方,是个优秀的女人,她还有个很棒的父亲。她教弗兰克字母。"

"是个黄种人吗?"我突然问道。

"黄种人?"

"嗯。瘦小的黄种人,长着皱纹,嘴唇很薄,浅灰色的眼睛,银灰色的头发,鼻子尖尖的,长而瘦的手,我说得对吗?"

"你认识她?"他不可置信地问着。

"是啊,"我沉声说道,"我还算了解她,她的语法和算术不错。"

"对对对。"他积极地表示赞同。

"并且她非常会训导人?"

"嗯,她简直可以管理一支军队。"他越来越热情。

"那你为什么放弃了她?"

"我没有。她成了我们的管家,把家里打扫得干净而整洁。从弗兰克4岁开始,弗林特小姐便开始读书给他听。我会非常仔细地挑选他的书。他的衣服总是最好的:漂亮的白领子,好看的小帽子,都是她买的。她自己从没穿过漂亮的带蕾丝的衣服,但她却很高兴打扮他。夏天的时候,她就带着他去散很久的步,偶尔也进城去参观博物馆。他12岁时,我把他送去了陆军军官学校。"

"他夏天做什么?"

"我把他带去了工厂,让他学会守规矩。对一个男孩来说,工作真是最好的事情。当然,我不希望他像我过去那样拼命,所以我让我最好的领班麦金托什带他。麦金托什能够带好他。"

"我懂了,你一直在用黄金法则来培养弗兰克,让他经历你自己希望经历的事情。"

"嗯,对。"

"我就知道,"我突然加重语气道,"而现在你跟我说他变得放荡了?"

贾德森的脸色一下就变了,眼睛也眯了起来。"弗兰克现在酗酒,还跟一个淫荡的女人跑了,与格林尼治村的一群人混在一起。不过我的搭档汤普森很喜欢这小子,总给他很多钱。

可他却花钱如流水,跳舞、看电影,玩到深夜才回。"

"嗯,当然,"我静静地想着,"但他现在并不坏。"

"不坏?你怎么知道?"

"你之前写信给我说过让我去看他。"

"你真去了?"

我点点头。"他跟你截然不同,你怎么能要求他能喜欢上你喜欢的那些东西?"

"我那是遵从黄金……"

"哦,对,对,"我打断了他,"那真是个疯狂、可悲而又可怕的法则,竟然还有那么多人遵从它。那些见鬼的人,他们创造这个法则纯粹是为了证明他们的自负。"

我一边说一边递给他一本书,这是古代大师们的著作,是关于他们子女的各种叛逆的故事。

"为什么给我这个?"他疑惑地用拇指翻着。

"它记录了很多艺术家的故事,我觉得你可以看看。而这本关于现代戏剧的书,是一本精选集,吉尔德最优秀的作品都收录了。"

"我哪有时间看这些无聊的东西。"他怒气冲冲地说道。

"没时间?它写得很好。看看吧,或许你会喜欢的。"

"你到底想干什么?"

"我想说你儿子会变得无法无天都是因为你的黄金法则,你将自己经历过的东西强加在他的身上。我刚才主动将这些书借给你,是因为我也经历过这些,而你却觉得很讨厌。你儿子也对你为他做的事情感到反感。什么黄金法则?根本就是破铜、烂铅——烂铅都比它强。"

"你竟然这样说它?"

"对啊,我就是这样认为的。它是对孩子们的迫害,它迫害了无数人。它所起的作用可比铅差远了,铅还是有一点作用的。可是你所施行的黄金法则,就是用铁条制成的可怕的监狱,是控制他人的一种便利的手段,通过它来将你的意志强加给他人。"

"那你有什么更好的方法?"他感到太过震惊以至于都忘了反驳我,"我该怎样对我的儿子?"

"首先如果你了解他人的天性的话,你或许该学着根据他人的想法来对待他们,就像你也希望被对待的那样。当然,这还不够,但至少这是个开端。"

"弗兰克想要把他的时间浪费在拉小提琴上。"

"他现在就在拉小提琴,"我点头道,"他在一个舞蹈乐队拉小提琴,以此谋生。"

"好吧……"贾德森的音调都变了,仿佛在抑制着他的震惊,但是我装作没发现。

"贾德森先生,你儿子身上充满了音乐细胞,他很有艺术天赋,并且具有创造性。他遗传了他母亲家族的天赋。他非常有想象力,并且非常懂得人情,凭直觉他就能知道人们怎么做事以及为什么要这样做。他很会模仿声音、面部表情还有礼仪。事实上,你为他所做的一切都是浪费,因为它们是基于你的天性,而不是他的。你的神经紧张,造就了你辛勤工作,不情绪化的日常生活方式。弗兰克却敏感而主观,他容易因感觉和热情而陶醉。

弗兰克还是个孩子,他需要有效的方式来表达自己的感受:如大量的音乐和色彩,看好的戏剧,读冒险故事,和男孩子们一起玩耍。可是在他的成长过程中,这些都缺乏了。我把他引荐给了剧院的一个制片人。弗兰克去参加了试演,得到了一个小角色。他肯定会成功的,通过拍电影赚很多钱,比你赚的还要多。"

贾德森先生呆呆地坐着,就像是脑袋离开了海面的海蛇一样。我刚刚替他儿子进行了辩护,又默默地谴责了他根据"黄金法则"来对待孩子的努力。趁着他还在沉默,我继续说道:

"我见过弗兰克好几回了。他现在已经不酗酒了,也离开了那个放荡的女人。他想要成功。既然他已经找到了自己的方法,而且对于违背了你的愿望,他并不感到愧疚,他也就没有必要用那种放荡的生活来显示自己的独立了。他会犯下那些错,都是因为你。但是对于他曾想要伤害你,他感到非常抱歉。"

"他对我感到抱歉?!"

"嗯,这些年,他亲眼看到你失去了什么,被剥夺了什么。他想帮你找回他曾经想要的一些东西：爱和温柔；你们少有的一起坐着烤火互相陪伴的时刻，互相理解彼此，并尊重双方的个性差异。你们从来没有一起享受过这些美妙的亲密关系。他希望，某一天他能把这些都送给你。"

"我没有时间。"贾德森先生的声音有点沙哑。

"是啊，你没时间。你工作太辛苦了，回家的时候就像一只被掏空的破旧不堪的箱子。我觉得，世界上最自私的事情就是，自以为无私地不停工作，赚钱养家，同时却剥夺了家人其他的一切。"

归根结底，如果贾斯珀·贾德森相信诚实的法则——**绝不自我妥协**，那么他就不会尝试着将自己的意愿强加给他的儿子；如果他怀着同样的热情相信**魔法公式**，而且拒绝自我满足，那么他就不会由着自己的性子来伪装无私了。父亲和儿子之间也就不会因为道德的束缚，而像半路相逢的陌生人一样了。

在我多年临床心理学的经历中，我调查过上千人。根据我的经验，导致不良道德行为的最重要的原因就是严厉的好人所施行的黄金法则。

为了将控制了你生活的那种不正常的需求转移到他人身上，而认为你觉得对你自己有益的东西也会给他人带来好处，这绝对不能叫作善良。我就有这样一个亲戚，在我年纪小的时候意图那样对我。她崇尚各种风行的东西，从奇怪的食物到古怪的信仰。和她一起生活的时候，她说"为了我好"，所以限制了我的生活。那时，我就是黄金法则的受害者。

在如何合适地待人方面，这一信条完全不适用。当然，如果你是被对待的对象时，亦是如此。我认识一个人，他一心求死，但又下不了手结束自己的生命。于是他请他的一个朋友来帮他。如果他的朋友遭受过与他相同的苦难，那他的朋友也会想死吧。后来这个人走出了悲伤，并且觉得活着是一件高兴的事。他们想做什么完全是由着心情来。

从更深层次来看，新的黄金法则应该是这样："依照生命、自然和普世原则让你做的那样对待他人。"尽可能真诚地理解这一法则，并设法采用可行的科学方式来获得更深入的理解。如果做不到这样，至少你应该将他人的天性囊括进来。在过去允许存在的无私，从现代知识的角度来看，实在罪恶。

如果你按照你期望被对待的方式来对待你的妻子，那么你不会理智地考虑到她性别的差异，而不断地侵犯她的个人喜好。如果你是女人，并且按照女性价值来对你的丈夫，那么你几乎不会理解他男性化的需求和脾性。

在我小时候，我家里的女性总是给我留着长卷发，穿着白裙子，戴着粉红丝带，穿着鲜艳的带扣子的鞋子，镶着天鹅绒的边儿，还戴着精致的草帽。而每当我爬护栏、爬柱子、爬上屋顶、追赶小猫、在沼泽地游荡、在植物丛中奔跑、因为在为我梳理那纠结的卷发发出尖叫时，她们都会罚我。她们喜欢白裙子、花边领还有带装饰的鞋子，于是用黄金法则来对我。

  时至今日，我认识到她们不可能理智地按照我想要的方式来对待我，也不可能按照她们自己想要的方式来对待我，就算她们是强悍、自立和反叛的男生仍是如此。我曾经很喜欢打扮得像萨摩亚岛民，或者表现得像个斐济人。我从来没有安静地坐着，优雅而高贵地吃着饭。

  然而，让一个小男孩戴着保守而饰有褶边的维多利亚时代女性的装饰，难道不比让他不戴装饰、自然地茁壮成长更为糟糕吗？他的方式——也就是我的方式，明明更为明智。对于一个小男孩来说，最为理想的对待就是根据他的需求，根据普世的法则，以及根据健康和通情达理的方式来对待他。如果说作为男生，什么是 15 岁时的他们喜欢的对待方式？至少他们会希望让自己更具有男子气概，无论是服装还是行为。

了解你的内心

人们经常会问:"如果我根本不了解'自己',那么我要如何才能做到明智的自私呢?我不知道我是一个什么样的人。"

这种情况不是没有可能,但是我不确定他们的理由是否站得住脚。对于这些人,我的看法是,他们所犯的错误显然太少,不足以让他们说出:"不,我不是那样的人。"每个人都了解自己,只不过并非每个人都能意识到这一点而已。你不妨尝试根据经济规律将自己简化为几个属性,那么你必然能得出你自己的本质特点。突出这些属性,坚持忠于它们,在任何情况下都不要妥协,诚实地坚持自我,那么你很快便会慢慢地了解自己。

用现代科学的话来说,你是你自己染色体的产物,而染色体是带有直系血缘精神潜质的繁殖细胞中的微小部分。根据这种说法，你天生便具有活力，而这种活力在很大程度上决定了你的行为。你的腺体也许强壮而发达，也可能虚弱而紊乱，从而使你身体健康抑或使你身体乏力而难以调节；你既可能神经镇定，也可能神经失衡。

这既不是一种荣耀，也不是一个错误。你的器官也许健全，也许残缺；你的大脑也许发达，也许平庸；你的智商也许很高，也许较低；你的能力也许惊人，也许微小；你的发展潜力也许巨大，也许渺小；这些，责任都不在你。从情感上来说，这更加具有意义。科学上所说的原发性趋势（也就是原发性的推动力，细胞的推动力，类似人类的饥饿冲动等），也许杂乱无章，也许有条不紊；也许汹涌而强烈，也许温和而无力。本能也许会驱使你，冲动也许会推动你，愤怒、恐惧、性和怀疑等情绪以及随之而来的感觉也许会赋予你强烈的渴望，也许只会留给你轻微的反应。

这些也都是大自然的杰作，是我们所说的生态流或者生命力在你身上创造出来的成果。你不应该因为命运对你的所作所为而遭受责备。任何因为你生来不是天使便认为你有错的说法，都是恶毒的谎言。

更重要的是，只有当你克服了关于你自身的内疚，你才可能成功地面对命运，才可能理智地解决你的困难。你得把注意力从自身转移到解决问题上来。失败最大的根源在于自我怀疑、自我责备以及自我意识；其次在于因为某人所说或者某种环境所需，你妄图成为你不是而且也不可能成为的那种人。

你无法得到不同的神经，也无法拥有他人的腺体，抑或他人的大脑；你无法支配他人的能力，抑或产生如同他人一般的力量；但是，你不会具有他人的缺陷，抑或他人的脾性；你也不会受同样的性欲驱使，抑或因相同的愤怒而烦恼。

解决苦难的方法在于停止歪曲你的个性，并释放你的潜能；不受外在需求的束缚，发现并展现你的内心，方为正道。你无法训练一只牧牛犬去打猎，你也不可能让一只猎狼犬去放牧。这都是对生命的"积极响应"。关于固有趋势的这一发现，对于合理地发挥狗的作用或者开发人的能力来说至关重要。它并不意味着做别人认为正确的事情，而是根据你自己的机体决定。

如果你能长此以往地使自己的生活井井有条，便已足够。除了做你自己之外，不需要令人厌恶的自我控制，你亦无须承担更多的职责。在很多人看来，工作、婚姻、家庭甚至社会习俗会迫使你接受一些事物，但这完全是谬论。**它们并不是你的责任，只不过你认为它们是而已**。将它们视为你的责任，就如同把为饥饿的蜂鸟幼崽捕鱼视为蜂鸟的责任一样。

当你不再迫使自己努力成为不可能成为的那种人，不再迫使自己做力所不及的事，你将变得更好。放松对理性来说必不可少，同时，它也是精神指引的基础。易于忧虑而极度紧张的完美主义者，总是不能容忍自己丁点儿的不足，因为做不到自己想做的事而感到愧疚，在本应大声说话的时候却低声抱怨，让本可以完成的事情半途而废。

总而言之，你的体质决定了你将成为怎样的人，决定了你运动的速度是快还是慢，是长期坚持还是时断时续，是娇弱还是强壮。你的大脑处于追求物质和追求精神两个极端的某个中间的位置，你的教养取决于你的染色体；你对朋友的奉献实质上是个生物学问题。

经常有人问我："怎样才能治好自负？"答案很简单——**知识**。你要知道你能获得赞扬都是生命的馈赠，都是由于基因的优秀；你要知道你只是一个具有反射性的生物体，如同镜子一样，只有当太阳照耀的时候才会反射出光芒；你要知道骄傲意味着愚昧与无知。

很多人都认为**"绝不自我妥协"**和**"拒绝自我满足"**之间存在着冲突，他们无法理解一个人怎么能同时做到保持个性和适应他人；在他们看来，坚持个性往往意味着妄自尊大。（他们会有这样的想法，）是因为他们见过了太多看似有风骨的幼稚型自负。

事实上，成千上万的人表现得专横和好斗是因为他们认为这是拥有力量的表现。他们害怕表现得温文有礼会让人认为他们性情懦弱。这种观点简直错误至极。好战才会树敌，骄傲自满和专横才会招致抵抗。因为这些都表明你是一个不敢表现得温和而大方的怯懦之人。

然而,脾气温和并不是一种性格特质,而是一种需要通过练习来获得的技能。静心观察持久的快乐所能带来的积极作用。当然这种快乐既不是指职业说客所表现的温文尔雅,也不是指多愁善感的伪宗教者的满脸堆笑。天堂不欢迎虚情假意,而你也不需要因为别人的闲言碎语而止步不前。

大多数的人都对此感到怀疑,但是让他人感到自在远比你想象的困难。我们表达真实想法的方式各不相同,有用眼神传达的,有用音调变化表示的,也有通过手的接触来表达的。我们的主要动机甚至能传达出我们没有说出或者做出的事,就如同它塑造我们的一样。

如果你的心里并不想让某人感到自在,那么你是不可能做到这一点的。如果你善妒而且内心充满了怨恨,那么即便是再好的礼仪课本也无法将你变成一个友善的人。对人这种奇怪的生物充满兴趣与爱意,才能让人感到舒适自在。

成功做自己的奥秘就在于明智地维持自我的基本法则与亲密关系这一魔法公式之间的平衡。决心忠实于自己,意味着你要拒绝自我妥协,同时又不能将自己的方式强加给其他人;意味着你不会容忍那种与自然意志和互助精神背道而驰的自负。

如果你想要留住你的朋友和保有你的地位,那么绝对不要独自接受一份荣誉。请与和你并肩作战的人共享这份荣誉。独自享有的荣誉会变成一笔债务。或许,你可以站上金字塔的顶端，(但是别忘了,) 你离不开脚下的那些基石。

并非所有的作为都会受到他人的赞美。事实上，人们并不会因为你思想深邃或是缺乏关爱而欣赏你。相反，人们宁愿你普通而平凡，因为只有那样，他们才不会感到相形见绌。

为什么说这种方式成功，第二个原因在于：虽然人们并不希望你太出众，他们同时也不希望你与他们自己相似或者效仿他人。因为重复他们的荣耀会使得这份荣耀显得无足轻重，而失去自己的特色则会使你变得乏味无趣。拥有几个属于自己的独特之处会为你带来友谊。

你不会喜欢把自己看作一切的人，你不会喜欢事事都插手让你无事可做的人，这些人常常说一些让你无所作为的话。

只有专注才能让你成功。每个人都有自己的闪光点，发挥出来吧，在擅长的领域放射自己的光芒，在他人更为擅长的讨论和活动中保持低调。只有知道自己的盲点，并充分认识到这一点的人，人们才会发现他的闪光点。

总而言之，这些都有赖于如何让自己变得有趣。以下为我的几点建议：

> 学会微笑，不要傻笑；
> 懂得戏谑，避免枯燥；
> 既能放声大笑，也能紧闭嘴唇；
> 会讲精彩的故事，即便只讲一次；
> 会倾诉，也会倾听；

努力工作,也不忘放松;

信守承诺;

付出与收获是成正比的;

最后,始终保持不超越自己的界限,那么你就会成为座上宾。

不期而至的死亡

你曾面对过死亡，与它四目相对吗？你曾一步一步地见证过死亡的逼近吗？你曾经历过自己的生命和所有的努力幻化为奇怪的事物，就仿佛某个人担心自己大限将至吗？所有我们为之拼搏的事物和地位，在死亡面前，其实都一文不值。

桑普森医生离开才一个小时，埃里克·朱尔金森坐在那儿，盯着火苗。夜已经深了，但他还没上床睡觉。只要想到这一点，他就忍不住发抖。躺在那儿，盯着天花板，眼睛睁得大大的，疲惫极了，却还尝试着解决那些无解的问题。躺着做什么呢？或许火光能给他一点安慰和温暖吧。至少，它能带给他一丝短暂的慰藉。

你应该也有过这种感觉吧。听着时间流逝的声音，在黑夜中辗转摸索。否则，你恐怕就不会对埃里克所犯下的错误，对他生活危机的起因产生同感了。

医生检查了他的心脏后对他说："你得注意减压了。如果休息不足的话，很可能会导致猝死。最好得多休养，偶尔玩乐一下。"

呵，玩，埃里克这样想着，如今物价上涨、税收增加、养家糊口，甚至还有远房亲戚的求助（总不能让他们靠国家救济过活吧）。还想着玩，还想着休息！埃里克坐起身，拨了拨火。

有什么好烦恼的呢？他沉思着。自他少年起就是这样了，不是吗？他回想了自己做过的一切，他一直就是做事的那个人。

你曾经试着给过家人安慰吗？如果你会装玻璃、修房顶、除草、洗碗、包扎伤口、调整化油器、治疗生病的狗、照顾婴儿，那么无论你是男孩还是男人，你都会忙个不停，忙着应付日常生活中各种各样的琐事。同时，你还得帮着你的朋友或者邻居偿还他们自己无法搞定的债务。

将你家变成附近一带的中心非常容易。我曾经试过。只要看到有人遇到麻烦，就大喊着："我来帮你。"我想他会很大方地让你帮他的。埃里克过去就总是这样，直到他的心脏出现问题。

他该怎么办？继续像过去那样做直到死去吗？他的孩子们

怎么办，现在就辍学吗，还是等他死去之后？

美国的医疗记录表明，成千上万的商人都面临着这个问题，却对它束手无策——但是你告诉了我答案。真的是因为他们内心充满关爱吗？还是因为他们害怕听到旁观者和家人的说辞？身边因此而逝去的人数前所未有，心脏衰竭的统计资料可以证明这一点。一定有原因的。是"尽职尽责"带给他们的自豪感吗？还是担心时过境迁之后却仍然看到同样错误的危机呢？

在任何情况下，肩负重担的人身体出现问题总是令人难以承受。但是，我们却必须直面它。如何解决这个问题并不在于问题本身，而更多在于我们对它的态度。有些人选择了错误的方式，他们坚持原来的做法，直到死去，只留给他人巨大的悲痛。如果他们能勇敢地改变做法，或许局面会因此而不同。也有一些人认为，自我拥有选择权才是无私更好的体现。

这二者间的区别反映出征服困难的人与被困难征服的人之间不同的关键。**那就是，只有坦率的自私，没有两全的解决方案。**

目前，我们会这样说是因为，数据显示，撇开那些次要的因素外，造成这种差异的最主要的原因在于：有些人无法战胜困难，是因为他们缺乏运用手段战胜困难的勇气。能够战胜困难的人，始终能相信自己的判断，无畏地投入战斗，即便被人说不道德也不会停止。

在生活中，自私必不可少，因为它能帮助我们解决很多不得不面对的问题。如果你拒绝承担某个令你不快的职责，如果你放弃某个乏味的任务，如果离开你不爱的人，都不会受到他人的谴责时，你一定会毫不犹豫。（你不敢表现出自私，）仅仅是因为你无法面对社会对你的责备，以及与之相符的道德心，它们使你无法真实地表达出你的自由意志和本能的判断力。

因此，审视我们将面临的困难，并弄清楚什么是我们认为"正确"的事，对于我们克服自身的遭遇而言是非常重要的。如果我们能够学会将"**绝不自我妥协**"与"**拒绝自我满足**"这二者结合起来，那么无论什么样的困境，我们都能够理智地面对，而心脏衰竭和委曲求全的局面也将很快减少。

如何拒绝请求?

让我们先看一个关于人际关系的**情景剧**。

人物:

罗斯·罗曼,一个牧师

爱丽丝·罗曼,他的妻子

艾比·罗曼,他的妹妹

弗洛伦斯·罗曼,他的女儿

第一个场景发生在卧室。罗斯正在读一封信,他把眼镜往下拨拉了一下,看向他的妻子。

罗斯:"狄克让我再给他寄200美元,他说那样子他的商店就能周转过来了。"

爱丽丝:"这话他第一次借钱的时候就说过了。"

罗斯:"我知道,但是他的请求听起来也合理。"

爱丽丝:"5年前他开始做小鸡生意的时候,听起来也很靠谱。他还说赚钱了要跟你分享呢!"

罗斯:"爱丽丝,但是……"

爱丽丝:"你不要再跟我提什么但是。我厌烦了听到但是。每当我想在自己家里做点什么的时候艾比总会跟我讲但是;每当我想买点东西让我们的生活更舒适的时候你总会跟我讲但是。我拼命工作,努力节省,这样你就可以把钱寄给你们家那些贫穷的亲戚。但是,我不想再这样做了。我账户上的每一分钱都要自己花。"

罗斯:"爱丽丝,但是……"

爱丽丝:"我说过别再跟我讲但是。"

罗斯:"爱丽丝,但是……我想解释一下。我……"

"砰"的一声,门被关上了,罗斯陷入了思索。为什么他要一直让狄克这样对他呢?他们是堂兄弟没错,可是难道这就意味着血亲就可以被无限地利用吗?当然,他与艾比之间是不同的。毕竟她是自己的亲妹妹,而且还是个女人。但是,又有什么不一样呢?艾比可是一名训练有素的速记员,而且她在工作上非常能干。只不过从事她所说的那种"低贱的工作"有损她的自尊心。可她住在家里真的那么糟糕吗?她又没什么大的开销,也没什么需要操心的事——至少,在罗斯看来,她一点都不麻烦。他……

门又开了，他的女儿弗洛伦斯冲了进来，哭着说道："爸爸，艾比姑姑不让我练习。她说她头痛，受不了。这周以来她每天都会闹点毛病。如果不能练习，我怎么可能进步？"

罗斯："弗洛伦斯，但是……"

弗洛伦斯："算了吧，我知道你要说什么。无非是我应该更加宽容一点。可是我已经等了三年了，自从她住进来之后，我一点自由都没有了。"

罗斯："弗洛伦斯，但是……你应该……"

弗洛伦斯："对啊，可我就是不想。你一直跟我说要多体谅她，可是我已经厌烦了。"

罗斯："但是，你应该爱……"

弗洛伦斯："不，我不觉得。你老是让我接受她。可是我讨厌死她了。"

直到这时，罗斯·罗曼才发现他的妻子，她站在门口，而他的妹妹，缩在他妻子身后的过道里，不过十英尺的距离。她们俩都听到了弗洛伦斯的话。

罗斯："你会允许女儿那样对她的姑姑说话吗，爱丽丝？"

爱丽丝："是的，我允许。我为她感到骄傲。我之前倒是希望我有她的勇气呢，不过我现在有了。这周内，要么艾比离开，要么弗洛伦斯和我离开。如果最后离开的是我们，那么我们绝不会再搬回来。"

罗斯："爱丽丝，但是……我的教民，你让他们怎么想？"

原本站在过道的人走近了。

艾比:"罗斯,你就是这么看我的?!你让我住在这,纯粹是为了你的名声吧。好啊,我走,我现在就走!"

第二个场景发生在卧室。罗斯正在读一封信,他把眼镜往下拨拉了一下,看向他的妻子。

罗斯:"艾比的信。"

爱丽丝:"嗯?"

她非常冷淡地扬了扬声音。

罗斯:"她让我问候你。"

爱丽丝:"是吗?"

罗斯:"她还说感激你。"

爱丽丝(**敏感地**):"感激我什么?"

罗斯:"谢谢你让她离开这儿,让她自立。她要结婚了。"

爱丽丝:"真的吗?"

罗斯:"真的。她说如果她还住在这儿的话,这些都不可能会发生。现在她理解了你的无私的观点。她说我让她在咱们家住那么长时间,太自私了。"

爱丽丝:"嗯,你是挺自私的。你根本不是因为爱艾比,只不过担心你的教区罢了。"

罗斯:"你还这样认为?"

爱丽丝:"难道不是吗?亲爱的,坦诚一点,难道不是吗?

艾比离开难道不是更好吗？"

罗斯（**缓慢地**）："呃，嗯，是啊。"

也许有人会说：不总是这样吗？最大的一种自私就是，为那些怯懦的亲戚提供援助，让他们在家里进进出出，使他们过上寄生虫一般的生活，自己私下从中获得自满。成千上万的小孩因为对叔叔阿姨、哥哥姐姐、堂兄弟姐妹还有那些入侵的朋友的责任而做出牺牲。有些时候，"没教养的人"被喂饱了，但是家里人的营养不良却愈发严重了。而这些事情，都打着美德的旗号。此外，对于给小孩造成烦扰的人而言，这种烦扰对他们本身并无任何益处。艾比或许毁了弗洛伦斯的未来，但是对她自己并非毫无伤害。

一件事如果不能兼顾并造福于家里的每一个人，其作用等同于无法造福于任何人。帮助那些**宣称**无法照顾自己的人，终将伤害到自己。生命意味着成长，不意味着自我放纵与好逸恶劳。

我们应该重塑我们关于亲戚问题的看法，并对其进行改善。就目前来看，它就是一种致命的可怕传统，只会给我们造成痛苦、艰难，甚至死亡。

如果基督教的建立是基于耶稣的教义，那么也许会有人提出质疑，难道罗斯·罗曼比你我拥有更多的权利吗，所以可以让他的亲戚从自己家里"巧取豪夺"？也许很多人并不知道自己的宗教信仰，但是他们根据自己的传统，也不会赞同这一有益的观点。相反，他们只会通过急匆匆地告诉你"应该"如何处理你的家庭问题来为他们自己的不足辩护。

这是最为糟糕的一种自私，也是为什么看上去道德高尚的人却往往很邪恶的原因之一。这类人常常满口责任，自己却以可恶而虚伪的沾沾自喜敷衍了事。

除了你自己之外，没人知道你应该做什么。当你不再惧怕外界的指责时，你便会意识到这一点。**任何事物都不会仅仅因为他人的说法而变成你的责任**。因此，要想问心无愧地拒绝他人的请求，只有一种方式：弄清楚这个请求与你生活的关系。如果你接受请求的唯一目的是取悦请求的人，那么就不要接受了；你也必须同样坚决地拒绝那些可能使你感到为难的请求，除非你认为那是义不容辞的责任。

在多年的工作中，我收到过很多与下文类似的来信：

"我的生活被我家那些争吵不休的亲戚搅得一团糟。他们花我家的钱，浪费我的力气，还糟蹋我的时间。我妈妈跟我说，照顾血亲是我的责任。可是他们就像是一群懒惰的废物，难道我也应该养着他们吗？"

我的答案是：**不需要，你应该远离他们**。你根本不需要养着他们，只不过你自己认为你应该而已。如果你开始给钱来保证他们的基本生活，并且背负起这份压力，那么等着你的绝对是崩溃。这个世界多的是希望不劳而获的人。如果你也赞同人应该独立自主，那么你也应该让他人享有这一权利。每当你承担起他人的责任时，事实上你已经在使他变弱了。

我们不会说出是谁让我们烦扰，因为这似乎显得不够忠诚。但事实又如何呢？如果继续放纵爱的人继续困扰我们的生活，那么总有一天，我们将会讨厌他们。最好的方法是在开始的时候就保持坦诚。讨厌一个人并感到内疚，与爱一个人并感到高尚一样可笑。创造爱与恨的是上帝，不是你。它们都是你内心的情感，你无力改变。

无论如何，如果你那些贪婪的亲戚继续利用你们的亲属关系，总是超越自己的界限，那么你也不会再爱他们。发生在家中的欺骗并不比商场中少。要当心那些宣称"家庭"比公平比赛更重要的人，因为他们的情感往往是虚伪的。

即便是家中最弱的成员，其专横都比家中最自我的人更加糟糕。污水口并不如悬崖那般险峻，但它却更加危险。不要因为忧伤的专横之人看起来畏首畏尾，就让他们毁了你的生活。他们只会制造麻烦，大量的麻烦。

责任是一种心理状态。它是你关于某事的一种信念，就如同人们曾经认为肉体是一种罪恶一样。随着你理解能力的增长，责任也会发生相应的变化。只有人们对它们的理解才是固定的。艺术家惠斯勒就曾说过，懂得留白才会创造出伟大的作品。成功的生活有赖于知道不该做什么。懂得何时该说"**不**"并能够友好而不带尴尬地说出来的人，已经成功了一半。

当直截了当地说出你认为正确的事,并且不打算更改时,请沉着地说出来,明白地让其他人感受到你的坚定。

要想走出困境,你可以采取以下捷径:

如果你不愿意——如果事实上,你真的不愿意——学着用"我不愿意"这几个字来表达,并且坚持自己的态度。

如果你要写一封难写的信,那么请试着用十个单词来表达。

感到为难的时候,写一封上文那样的信,直到你不为难为止。

如果其他所有方法都不奏效,那么闭上眼,静静地坐在那里也是一个绝妙的回答。

冷静地凝视——他人的嘴唇——是一种很好的方法。

"无论如何,我都会赞同你的观点。"

对于你无法承担的责任,绝对不要试着承担;当你拒绝的时候,坚定一点,这样可以为所有人省去麻烦。危机如果无法避免,最好是发生在开头而不是结尾。就算你许下了诺言,也应该保持自己的独立性。如果你应允了某项愚蠢的事,不要刻板地认为你应该不折不扣地完成它。**你有权改变主意。**

诺言是一种郑重的保证,它完全不同于农民拜神时所表达的崇拜,它是对上帝、对生命或者说对你自己(将它视为你的愿望）的一种承诺。无论在许诺时的说辞如何，但它都不是给他人的。只有当它被接受时，它才会得以存在。假如我是一个食人怪，承诺要杀死一个同类，并让你能与我共享，那么在我意识到这种杀戮是邪恶的之前，我都一定会信守我的诺言。但是，当我意识到杀戮的邪恶之后，我的诺言便无效了。并不能说我违背了对你的承诺，只不过命运带走了它而已。每个诺言都是如此。

关于做好事，有一个非常好的原则，那就是，除非你能付出所需要的一切并且不求回报——即便是足够的谢意，否则你最好还是不要做。有些事情关乎付出与收获，然而善行不是。它关乎的是你付出，他人收获。所以，要么让他们拥有你所贡献出的时间和精力，要么承认你不够大方来承受这种检验。最令人失望的事情莫过于期待善行能得到回报。当你对别人的感激抱有期待时，这种期待总会以某种方式表露出来，然后使祝福沦为交易。

换言之，在如何拒绝请求的问题上，你不能只考虑到你自己或者需要帮助的人，而应该在真诚合作的基础上，考虑用到互助的精神。当善行变为一种不公平的负担时，它就会妨碍一个人"**绝不自我妥协**"的基本权利。人们做好事也不能**仅仅是为了获得自我满足**。只有当你和得到你帮助的人的生活都稳步向前，这种好事才是明智之举。

自我保护是应该的吗？

我和斯蒂芬相逢是在从维多利亚开往西雅图的轮船上。当时他正在度个短假，想缓解一下压力。他已经结婚二十年了，不得不说这是一个很长的时间。如果你的妻子是个抑郁症患者，闹得家里鸡犬不宁：不停地开窗户和关窗户、做奇怪的晚饭、匆匆忙忙去看医生，还有做一个卧病在床的女人所能想出来的其他任何事情，想必这段时间会显得更长。

我的同伴给我讲述他的故事时，我们正沿着奥林匹斯山脉脚下划船，古老的贝克山山头在我们东边忽隐忽现。他的妻子巴纳比夫人，似乎有烈士情结，她非常敏感，任何一点不好的事都会惹她哭闹，如果事情没有按照她父亲希望的方式进行，她就会心烦意乱。斯蒂芬暗示说他可能不会投票给共和党，她就变得歇斯底里。"如果我父亲还在世的话,他一定会感到非常难过的。"如果说不去她父亲常去的那个教堂做礼拜的话,天呐,那简直无法想象。巴纳比夫人其实也没去过,不过后来是因为她去不了,都是斯蒂芬替她去的。

癔病症状一个接一个地开始显露:狂热地想要一个做主教的孩子、紧张不安地忙忙碌碌、记忆停留在做一个受人敬爱的母亲上。当她的父亲过世后,巴纳比夫人就卧病在床了,并且再也没有爬起来过。

不得不说斯蒂芬的日子真的不好过。

"我都不知道要怎样才能帮到她了。"这个疲惫的男人这样抱怨道。

我迅速地回道:"可需要帮助的人并不是她。"

"为什么?那是谁?"

"是你。"

"我?可我又没病。"

"不,你有。"

"我有什么病?"

"畏惧。你担心如果你挣脱了所处的那个可怕的牢笼之后会有什么样的后果;你害怕如果你不再像个懦弱的奴隶一般接受你妻子的压迫后会有什么样的后果。你不敢采取手段去治好她。"

巴纳比先生仿佛听到了什么异端邪说,盯着我,但是他还想了解更多。

"怎么才能治好她?"

"你们的家庭医生没有提供一些常识性的建议吗?"我打断了他。

"我不知道。他曾好几次说过一些与你的思路一致的话。"

"但是你没听。"

"我知道你会那样说。"

"好吧。我要告诉你的是,首先,鉴于你们住在纽约,我会建议你去这所戏剧学校学习演戏。"我一边说一边递给他一个地址。"我会让他们教你如何演发脾气,让你演得比歇斯底里的麦克白夫人还要好。其次,我建议你选择一个恰当的时机,开始装病,假装卧病在床,并且想一些你妻子根本想不到的怪念头,还要使劲捶床。你说过你母亲还在世对吧?我建议你请她过来与你们同住,直到你妻子愿意起来。另外,我还会劝你的医生帮你,让他替你作证。有了他的帮助和你母亲的配合,你家里一定会变得一片混乱,这样,你妻子就会觉得即便是坐在马戏团的旋转木马上,也比待在家更适合休息了。"

我们聊了有一会儿,因为我想让这个计划更完美一点。巴纳比先生听着,却没说话。当轮船进入到普吉特海湾时,又有一个伙伴加入了我们,于是之前的对话就终止了。

直到五年后,我又一次遇到了我的老熟人。他看上去特别健康。他的妻子和他一起,个子很小,是一个举止优雅的女士,她似乎一点都不想与他分开。他们正在计划着去加拿大露营。从她身上,我似乎看不到想象中病弱的样子。

过了一会儿,巴纳比夫人加入了一群女士的队伍,于是她的丈夫才得以单独与我交谈。他伸出了手:"我们见面时都会握手。可是这一次我是想向你表达感谢的,谢谢你五年前的建议。你看到了,它真的有效。"

"你真的采取它了?"

"是啊,完完全全地。我的医生对这个建议也非常感兴趣,他说我妻子并不是真的生病,只不过是患了癔症并且非常任性。反正,他也赞同你的建议。于是我就去了那所戏剧学校,并且我还真的学了怎么演戏,尤其是怎么演癔症性痉挛。整个冬天我都在练习。第二年的夏天,我就开始装病在床了。我真的太累了。我母亲也过来了,我的医生见过了她。她似乎也很喜欢这个计划。医生告诉我们说除非我们卖掉现在的大房子,换一个小住处,否则我将不得不放弃我的事业。于是在我和妻子被送去亚利桑那州的一个农场休养时,我们就把房子卖了。

弗里达(巴纳比夫人)非常难过,在那儿站了三天,然后才开始收拾行李,独自去了东部。我们在东部没有房子,而且她身上的钱不够,于是只得选择了一个便宜的旅馆。但是旅馆的被子并不舒服,于是她也不能睡觉。与此同时,我去西部度了个假,骑骑马之类的,回来的时候气色红润。于是我恍然大悟,然后我告诉了我妻子一些事情,你知道的,非常平和地,而且委婉地。她理解了我的意思。因此,自此之后,她要想得到我的支持,就必须不卧床,在一切合适的时候都陪在我身边,并且要保重自己的身体。否则,我们就会去另外一个农场,永久性地。"

结果很显然,当然,前提是我们能够接受善良与真理之间的和解。巴纳比先生必须采取一些方法来改善自己的处境。如果这样做**单纯是为了获得自我满足**,那就太恶毒了。但是,如果是为了挣脱他妻子的束缚,从而让他们都过得更开心,那么这不失为一个将他们从精神的桎梏中解救出来的良方。

生活的智慧

以下两段摘自一封来信：

"我遇到的困难并没有那么严重，但是也非常令人苦恼。有时候我甚至都觉得，那些每天困扰着我们的小事，比大灾难还要磨人。"

"情况是这样的。如果我让我丈夫做什么事，那他一定不会做，而且，他一定会搬出充分的理由。不久前，我非常想搬去城里待几年，那样我们可以享受更多优秀的音乐和戏剧，听更多优秀的演讲。因为我们在郊区的房子是租的，孩子们也已经成家搬出去住了，所以没有什么理由能够阻止我们。但是如果我向我丈夫埃尔德里奇先生提这事儿，他肯定不乐意。我想不到办法来说服他。不过我知道，如果先想到搬家的是他自己,那么他肯定是不会介意搬家这回事的。"

我回了信给她,然后又收到了她的回信,其中一段是这样的:

"我不知道你的计划会不会起作用,但问题在于,那样做太自私了。我不是一个阴谋家,我向来都坦率而诚实。让我表里不一,我做不到。"

几个月后,这个好女人终于禁不住我给她的诱惑,采用了我提供的计划,成功地搬去城里了。我到底说了什么,让她最初如此震惊呢?事实上,我只是让她利用她丈夫的刚愎自用来达成自己的心愿。很显然,她丈夫在精神方面有我们称之为"喜欢与人作对"的问题,做事总是反着来,与他人的想法或影响背道而驰。如果孤身一人并且没有援助的话,埃尔德里奇夫人根本不可能治好她丈夫精神方面的怪癖。

那么,问题就在于选择以下三种行动方案的哪一种了:

1. 继续做这个自负者的受害者;
2. 想办法离婚,然后离开他;
3. 学会对付他。

对于一对已经年过半百的夫妇来说,第三种方案无疑是最佳的。于是,我建议埃尔德里奇夫人满怀热情但却温柔地赞美住在郊区的好处。我并不是让她撒谎,只不过为了达到目的故意称赞乡下的生活。事实摆在那里,但计划的关键在于不断地提到它们,直到埃尔德里奇先生的自负开始发挥作用,并产生相反的想法。效果很快就显现了。他开始讨厌乡下,于是,他决定带着妻子一块去城里住,管她心里怎么想。

采用这种圆滑的手段有错吗?我听到很多古板的人对它进行谴责。如果一个女人嫁的是一个真正的伴侣,一个真正爱她、懂她并且心灵没有扭曲的男人,那么我也会谴责它的。但如果那样的话,也就不存在问题了。

在大多数情况下,喜欢与人作对的自负者都多于不会这样做的利他主义者。因此,这种策略对每个人而言都是实用的。除非你所有的同伴都友好、好相处并且具有较强的适应能力,否则,期待他们能一直对你的想法做出回应是很愚蠢的。更聪明的做法是,对于你想要提出的建议,开始最好提到与它们相反的观点和矛盾的事实。如果你认为你们应该上某些课程,那么在与人讨论的时候,你最好说说这样做有什么风险,并对其进行批判,然后让他人说出上这门课的必要性,最后你再附和他。大多数的同伴都是略带自负的,他们更愿意自己提出建议,而倾向于对他人的建议提出质疑。给他们机会消除这种性格怪癖,然后你就能如愿以偿了。

对于能制造出漂亮花瓶的工匠,我们能够满怀尊敬;对于那些运用方法征服困难的人,我们为什么不能尊重他们呢?难道说美好的生活还不如一件艺术品有美感,还是说用技巧征服困难是一种错误?

毕竟,这个问题关乎我们是否要因为伴侣的某些畸形的缺陷而**委曲求全地**生活。如果一个人觉得他无法接受自我的妥协,那么他至少应该有效地正视这些问题。采取措施不仅仅是为了自我的满足,也不仅仅是为了将自己的意愿强加给其他人,而是为了让所有人都生活得更加自在。

因为邪恶之人都是阴谋家,所以你便去采用那些无效的方法吗?对生活来说,略施小计是必要的;它是一种生活的智慧。要想成功,策略是非常重要的。只有当动机不纯时,策略才能被称为邪恶。

我曾经很希望得到某个机会,并且偶然地向许多朋友提到过这件事。结果,不到半年的时候,有人打电话给我,并为我提供了这个梦寐以求的机会。这个人碰巧认识我的几个朋友,而他们也无意识地用到了我前面所说的策略。

无论你的道德偏见是否会影响你的看法,生活其实都像一盘棋局。命运就是你的对手,坐在桌子的另一边,观察着你的棋路。而她同时也是你最完美的榜样。当你感情用事,亦步亦趋地走棋,那么"被将军"是在所难免的。根据命运的变化来制定对策,见招拆招,但与此同时,将你的人生规划视为一个潜在的"方案",并始终坚持。

画家绘画时会利用"配色设计";作曲家利用和弦——音调设计;戏剧家利用情节——命运设计。如果缺乏有效的策划,你是无法应对现代生活中的困难的。要么拟订计划,要么等着失败。

举例来说，最有效的莫过于完全对等的力量了。有个男人写信给我："我妹妹太忧郁了，我该怎么与她相处？"我的回答是："你也这样做，比她更夸张。喋喋不休地说你遇到的麻烦。和她在一起的时候，表现得很绝望，尽情地装。你信吗？一个月内，她就不会这样了。"男人常常害怕女人的眼泪。简直荒谬！这有什么值得害怕的？女人哭的时候你也哭，她马上就会打住了。试试这样做吧，你会收获惊喜的。

旧式思维与我们所给的当下的建议，其最大的对比或许就在于是否能够不偏不倚。过去，他们告诉你们，对于他人的责任，要伸出援助之手，对他人予以毫无意义的同情，然后竭尽全力帮助他们克服困难。而我们却建议你，学会置身事外，保持一个客观的态度。对于守旧派而言，这看起来很没有人情味儿。但他们却没想到，当一个人头脑清醒且冷静机智的时候，他能提供的帮助是更大的。

你双手完成拼图板，遇到的困难先放一边，记在纸上，然后像做最新的纵横字谜游戏一样客观地解决它们。不要再去考虑它们，除非你再次把它们摆在桌子上。

最终的策略就是保持平和。思之有十，言之只一。最浪费精力的蠢事莫过于口若悬河，喋喋不休。

当牺牲意味着伤害

　　自私的艺术在于满足自己的需求，从而无须依靠他人的帮助。真正的无私不会因为你过往的崇高，便允许你沦为明日的负担。它亦不会在你为了取悦自己而纵容他人，还误以为自己高尚时为你辩护。科学伦理在于探索；它顺从自然，而最终，自然将揭露真相。让我们看看旧有的生活方式是如何影响法韦尔夫人和她儿子的生活的吧。

　　毫无疑问，威廉这孩子完蛋了。自从少年法庭的一个工作人员到来然后离开，他的妈妈法韦尔夫人便无法忽视这一事实了。此外，他让她看到，自己是如何惯坏了自己的儿子。

　　这对法韦尔夫人来说是个不小的打击。丈夫过世时，威廉还很小，才刚拥有自己的第一条小短裤。自那时起，她便意识到了自己肩上的责任。她对自己说:"我不能让他因为汤姆(法韦尔夫人的丈夫)的离世而受到丁点儿委屈。"于是,她辛苦操劳,来践行着自己的誓言。

工作人员听她讲这个故事时曾说过:"毫无疑问,他已经习惯了把你视为他的奴隶,你辛苦操劳,以供他玩乐。这样他怎么可能学会适应和自律?"

"难道我做得不应该吗?"法韦尔夫人问道,"我不想太自私。"

"是啊,你不应该做那些的。法韦尔夫人,生活远比我们强大。当家庭遭遇痛苦时,扮演上帝的角色并帮助家庭抵御这份痛苦并不仅仅是父亲或者母亲的职责。我们应该分享我们的生活,并学着共同面对它。你想主宰你儿子的命运。你应该让他与你共同应对你们的困难,那样他才可能成长为真正的男人。"

是啊,这位工作人员说得对。法韦尔夫人现在终于懂了,是她自食苦果。威廉从来没有因为父亲的离开而感受到什么损失,没有失去任何东西。

这种小故事几乎随处可见。其本质在于,夫妻之间,甚至年轻的一辈都会觉得承担责任是长辈的事。打着无私的旗号,扮演着上帝的角色,最终只会带来灾难。

关于这一问题,我有一份统计数据,涉及上千人。由于有些数据是多年前的,当时的男孩女孩都已经为人父母。因此,为了避免对他人造成伤害，我只选取了少数自我牺牲的案例，法韦尔夫人就是其中之一。

不仅威廉给司法机关带来法律方面的问题，而且他的母亲也给慈善机构带来麻烦。多年的劳作，使得她本强壮的身躯变得瘦弱；自从她儿子进入青春期后，她就开始焦虑，这种焦虑葬送了她的活力；他令人震惊的犯罪行为使她心烦意乱；她的"无私"，使得自己沦为了他人的责任。这还不包括如果她没有放纵她的儿子（如果她没有沦落至此），她能给别人提供的有效的服务。

当然，她不是天才。然而，当她没有将所有的精力都放在安慰威廉时，她还是个好邻居和好朋友的，而那些优点也还在。法庭的工作人员还告诉她，真正需要她负责的是她的生活，而不是她的儿子；只有首先承担起对生活的职责，她才可能成功地负担起对他的责任。

毫无疑问，这种说法与自耶稣的教导被忽视以来就变得普遍的混乱的道德背道而驰。我们的理想更趋近于儒家思想，而不是基督教精神，几百年来一贯如此。你曾研究过拜占庭艺术家们笔下那些笔法狭隘僵硬而且色彩单调的圣母玛利亚吗？这种扭曲加利利山主人（耶稣）的思想仍然在我们的道德中作怪，妨碍了爱的力量的自由迸发，而将它禁锢在一种可怕的实用主义之中。

根据我们的传统，无论健康与否，无论能力大小，背负对外界的责任就是一种美德。毕竟,法韦尔夫人看上去是好的。但自丈夫离世那刻起,她便开始妥协。她对威廉的溺爱只不过是她的自我满足。委曲求全和成为威廉的奴隶都使她自我感觉高尚。她的牺牲,与所有的违背"**自我的基本法则**"和滥用"**魔法公式**"一样,在开始之前便已经注定了失败的结局。

愚蠢的贪婪

也许你曾听说过一部情景剧,里面有个人叫作约书亚。他是一个中西部小城市里的银行家,最擅长于取消孤苦伶仃的寡妇们的房屋抵押赎回权。他长着一张瘦削的脸,说话很刻薄,眼神尖刻。没有人喜欢他,大家都很讨厌他。他感到很孤独。他的贪婪毁掉了他的幸福。

约书亚非常恼火。麻烦一个接一个地光顾他家。先是妻子生病,抱病多年后死去了。约书亚曾经希望可以将女儿留在身边以颐养天年,结果她却溜走了。女管家也很难找。拿着大把的钱,约书亚却过得一点也不安宁。

对于计划进展如此缓慢,问题悬而未决,他也很愤怒。对于事情连续不断地被耽搁,他充满了抱怨,却没意识到这都是他自己造成的。他制定了一套模版规则等着命运来遵循，希望生活按照他的设想前进。即便事与愿违，他也不愿屈服。他的座右铭是：我命由我不由天。毋庸置疑的是，不管他怎么想，事情还是按部就班地发生着。

如果思维死板的话，问题是很难解决的。如果自负当道，那么生活也很难得到改善。就算你告诉约书亚一个解决问题的方法，他也会想着"这不可能"。你认为他是在想着找出真相，结果却发现他在想着这会损害他的利益。仿佛他人说的都不可靠。

只要一个人在处理事件的过程中，固执地坚持自我妥协的个性，那么事实总会被扭曲。除非他想要摆脱自己的贪心，解放自己的天性，否则他不可能脱离自我中心的桎梏。

所有发生过的事情都已尘埃落定，你能控制的只有你自己。于你而言，今天只是你人生长河中的一个时刻。那些因困难而生气恼怒的人只会沦为困难的受害者。

在征召入伍时，成千上万的公民都接受过心理测验。基于这些测验，检验员对整个国家的智商做了一个估计，结果非常低，人们普遍对此不满。他们宣称自己并不是傻瓜。他们说的也许对，但是当提到某些观点时，我们其实并没那么聪明。

尤其是在我们面对邪恶的贪婪时，我们的智力最为低下。数百年来，人们都被告诫不要贪婪；而且，贪婪被人们说成一种不可饶恕的罪行。结果，它却统治着这个世界。在处理这种损人利己的自我中心主义时,我们哪怕运用了一丁点儿才智,贪婪恐怕早就被我们抛诸脑后了。

当你告诉他人某件事是罪恶的,也许他还不确定是否要放弃;但是当你跟他说某件事很愚蠢,那么他会觉得最好是听从他人的劝告。如果他不认为做某件事很自私,那么他绝对不可能改变他的行为。

当古罗马人发现"以毒攻毒"时,生命中最伟大的规律之一诞生了。这个世界永远也无法摆脱由于自私所导致的贪婪。只有当人们意识到邪恶只会导致自食恶果时,违背生命的行为才有可能消失。

麻烦是我们最大的敌人,而它却在贪婪的保护下进入到我们的日常生活。你可以问问你自己:在过去的五千年间,如果合作和互助能够约束人们的行为,那么你今天的生活还会如此艰难吗?想想那些因为贪婪所导致的战争、掠夺性的商业化、资源开发还有粗心大意所毁掉的财产吧;想想那些已被覆没的城市、艺术作品、文学作品还有便利条件吧;想想那些惨遭蹂躏的森林、矿井还有大草原吧;想想那些被忽视的辛苦操劳的健康心灵和体魄吧。

腐败、贪污、犯罪和战争时刻威胁着人们的生活。它们挑战着科学技术为巩固自身地位而做出的一切努力。

人们怎么可能如此自寻短见?人类怎么可能如此摧毁自身而放弃它与生俱来的权利?都是因为你和我在一天天、一年年甚至在一段经历内的行为同样缺乏远见。我想重申一下，好与坏的衡量需要历经多代人。我们因为贪婪而得到了蝇头小利，却失去了那些本能够带给我们财富和欢乐的爱与信心。因小失大！如果灵魂死了，那么即便是百万家财也能散尽。

如果你身处于杳无人烟的南太平洋群岛，那么大多数的麻烦都很简单，无非是有得吃，有得穿，还能找个地方栖身而已；在虚伪的文明中，你关心的仍然不过是衣食住的问题，但你与它们之间的关系却变得迂回了。

为了攫取财富，一群好战分子在欧洲发起了一场战争；无数人因此而丧生；税收提高，物价飞涨，所有的事情都变得如此艰难。一群政客在你家附近安装了昂贵的下水道，你家所在大道上的树木遭到砍伐。人，无处不在，令你生烦。你的麻烦很少源于大自然或者"天灾"，人性才是灌木丛中真正的恶魔。

在一定的时间内，你也许足够强大，能够与那些挑起战争、掠夺人民的人"和平共处"；你也许足够圆滑，能够主宰你自己的命运；但是最终，生活、人类和命运终将揭发你。当你的贪婪为世人所知，那么你的欲望将再也无法得到满足。

同样，任何形式的自我中心，都会让你感到愤怒。你表达你的想法，激烈地争吵，然后关爱不见了，生意也毁了。你觉得自己受到了伤害，于是你生气，身体也开始出现问题。你总是紧张兮兮，你的大脑变得混乱不堪。不管怎样，当气焰愈发嚣张，力量就会削弱了。

奇妙的是，贪婪竟然源于自私自利。或者换句话说，由于我们的傲慢但却无法收效，这时，我们不是放弃野蛮的自私自利而是变得贪婪。一个人根据自己的经验，自负地提出要求，还理所当然地将他人视为自己的奴隶。一次又一次，好运终于耗尽，他人也不愿再对他做出回应。慢慢地，事情发生了变化，索求者变成了支配者，接受者成为征服者。贪婪，成为他们的最爱。

简言之，贪婪侵犯了自我的原则。不愿自我妥协个性的人，也不会剥削他人。在他们看来，**生命的神圣不可侵犯**是每个个体包括他自己所享有的权利。他们也不会忽视"**魔法公式**"，为了一己私利而强迫他人。无论何事何人，贪婪，都是为了获得自我的满足。

奇怪的是，尽管这种行为如此愚蠢，但它竟然能征服世界如此之久；更为奇怪的是，即便人们常常认为自私自利不正当，但贪婪竟然能逃脱人们的指责。自私是人们一个与生俱来的小小权利，但是如果你胆敢说出赞美它的话，那么那些高尚的人一定会向你送上他们的谴责。然而，这种攻击只会使贪婪更为根深蒂固，你亦会被称为危险的激进分子。这样看来，人们似乎觉得贪婪是可以容忍的。它那种掠夺性的权力受到了良好的保护，而免于人们的攻击。不过，这种局面是不会长久的。

制敌之法

　　求生是人类的本能。虽然每个人的人生结局都不可避免，但是我们也没有理由不使这漫长的一生活得快乐。人如果过得不好，只可能有一个因素。那就是，即便学会了如何保护自己免受自然的威胁，逐步学会了如何战胜疾病与赢得时间，但是却还没学会如何抵御他人的嫉妒、贪婪、怨恨和自私。

　　保护自己不受攻击是一件罪恶的事吗？

　　对于那些仍然怀有强烈的幼稚理想而且感情用事的人而言，自卫似乎是自私的。他们会告诉你，"还击"是违背传统道德的（虽然总是鼓吹的人多，遵循的人少）。

　　对于那些不赞同这种因循守旧的思想的人来说，每个个体最大的职责之一，就是使邪恶势力对生活中正能量的破坏日益减少。如果恶势力大肆泛滥，那么生活便没有了希望。

敌意的问题关乎新型道德的核心。在旧哲学中，占据统治地位的原则有两个：其一，你采用暴力手段，发泄你的愤怒，实现你的报复，以愤怒进行征服；其二，你屈服于邪恶。

甘地就曾践行过这一不抵抗的方法（非暴力不合作）。不过，这一方法对欧美人是否有效，我表示怀疑。然而，非暴力不合作是一种通过积极手段战胜敌人的积极活动，是对付邪恶的另一种中庸之道。不采取武力手段，而是运用一些其他方法战胜敌人，让他们自我毁灭，有点类似**心理**上的柔道或者空手道。

不要为了战斗而战斗；不要为了满足虚荣心而战斗；不要为了自吹自擂而战斗；亦不要为了战胜或者惩罚敌人而战斗。战斗的唯一目标就是实现更高的目标，并且要采用和平的方式战斗——虽然看起来似乎前后矛盾。向着正义的目标，那么在战胜困难的过程中将所向披靡。有这样一个例子，曾经有个人为了让我改变主意而威胁说要揍我。当然，他是认真的。但是在他动手前，我缓缓地对他说："即便是咱们打完之后，我也不会改变主意。你可以杀了我，但是你绝对无法说服我。等你进了监狱，你也忘不了这一点。"我语气中的坚定战胜了他的愤怒。结果我们没有打起来。

我并不是说，每个人在第一次采用非暴力不合作策略时都能成功解决麻烦。但是当你能够熟练运用之后，它的威力就会显现出来。如果你动了脑子，那么你几乎不需要动你的拳头。

人们一直说，如果你给一个人足够长的绳子，那么他会用来吊死自己；如果你给敌人足够的自由，他将自取灭亡。因为你能从中发现一些制胜之处。

曾经有这样一个女人，她很喜欢自己的邻居，但是她的丈夫却不喜欢他们。他还不让她雇用人，虽然他们并非承担不起。她觉得家务活实在太繁重，这种状态让她感到难过。后来，她终于意识到事情总该有应对之策。

于是她愉快地（对丈夫）说道："真好啊，这样我就不需要像其他女人一样，每天把家里整理得干干净净，反正也不会有人来拜访我们，就这样子也无所谓。"想到家里变得一片邋遢，她丈夫极为震惊，他可不想住在一个茅屋一样的地方，于是雇用了一个女管家，还邀请他们的邻居来家里做客。

这就是**以退为进**！当你为了目标拼搏时，就要放弃那些细枝末节的东西。保持信念，忽略那些阻碍成功的琐碎之物。只有自负者才会奢求平坦大道。

富兰克林·罗斯福就深谙掌控敌人之道。当时有个固执的议员阻碍某项重要的立法，罗斯福发现这位议员是个狂热的集邮爱好者，于是他极大地利用了这一点。一天晚上，这位议员正在整理自己的邮票时，接到了罗斯福的求助电话。议员受宠若惊，当夜便上门拜访。他们一起整理了一会儿。第二天，在对这项法案投票表决时，这位议员投了赞成票。这就是一个很重要的经验。在一起集邮的那段时间内,他们俩都绝对没有提及双方关于那项法案的分歧。只不过,他们更好地了解了对方,然后化"敌"为"友"。

有些时候,敌人就像一只纸老虎,只要一点点力量便可以使其终结。无论个人还是国家皆然。面对只拥有拳头和兵器的敌人,勇气和信念就是强大的武器。当你感到害怕时,野蛮的人能感觉到;反之,则懦夫能感觉到。

治疗控制狂的解药

下文摘自一封来信：

一个女人写信问我："如果一个人的丈夫在他的工厂里引进了先进的机械，却拒绝接受一切前瞻性的思维，这个人该怎么办？我丈夫克鲁先生（约翰）把我们的家庭生活搞得一团糟。他总是妄自尊大地压制我，就像古代人压迫他们的女人一样；他不给两个女儿一点点自由；他还威胁儿子，如果儿子胆敢违背他的意见，就要与他脱离父子关系。孩子们就像他的奴隶一样。

"我们家的佣人从来做不长久，因为约翰老是把他们看作机器一样，当他们向他要求公正的薪酬和合理的工作时间时，他还会暴跳如雷。他在工厂也是如此。他说工厂是他的，他高兴怎样就怎样。

"当然,我只关心他在家怎么做。现在我们要想和睦相处,那么什么都必须都依他的。但关键在于,有很多事情是必然要发生的,不然孩子们的生活都会被他毁了。每当女儿们带男孩子回家,他总是会被他们前卫的理念惹怒,然后把他们赶走。这些可怜的孩子!请问您能给我一些建议吗?"

我是这样回她的:"如果你有勇气采纳,并且能够得到你信中提到的三个孩子的配合,那么我能够给你一些建议。榜样的力量拥有巨大的价值,你的丈夫需要接受一些训练,而且,他还需要经历一些突破性的、戏剧性的以及具有转折性的局面。对他们那样的人来说,言语是不会起作用的。现在,你需要做的就是让他感到震惊,然后被迫改变他的方式。我建议的这个计划分以下五个步骤:

1. 确保与孩子们的绝对合作,像家庭一样团结起来。
2. 无论在什么情况下,都不要透露你们在做什么。
3. 坚持经常开展这一计划。
4. 引起克鲁先生的注意,但是得保证他不敢对此有意见,或者与你儿子脱离父子关系。
5. 到了关键时刻,给他下达最后通牒——这一点你得耐着性子。如果你坚持住了,那么胜利将属于你。

这个计划是这样的。既然你丈夫坚持认可古物对人类的价值,那么你们就暂停使用近几个世纪才发明出来的所有的现代生活设备。等到某天当他外出谈生意的时候,你们就关掉家里的电闸,切断家里的电话线,关闭家里的煤气,熄灭家里的火炉,将一切现代用具都放到储藏间,然后把卫生间的马桶堵上。像古时候那样吃晚餐,点着蜡烛照明,用烤炉取暖。换句话说,既然你说你丈夫(对现代化的东西的看法)自相矛盾,那么你就给他制造出一种戏剧性的危机,放弃与他古老的方式不符的现代方式。"

一周左右,我就收到了她的回信:"这个计划听起来太疯狂了,不过孩子们都非常赞成。我们懂得你说的要绝对彻底和坚定。我们用洗衣房的炉子自己做晚饭,为了不拖佣人下水,我们给她放了一周假。而且,我们还根据你的建议,把家里所有的现代生活设备都收起来了。

你知道这个计划的结果吗?克鲁先生回家的时候情绪不好,正想让我们加煤呢。结果发现房子里又黑又冷。他'啪'一声去按开关,结果什么都没发生,还是黑黑的。他在房子里到处转,看到了我们做的事。最精彩的部分来了。他看上去特别困惑,我们还等着他发脾气呢。结果让我们吃惊的是,他竟然什么都没说。他应该是太吃惊了,或者说无语了。然后我们四个人一起猛烈地抨击他,告诉他我们的耐心已经耗完了。还威胁他说,我们要把他的所作所为公之于众。如果他还不改变自己,那我就离开他。

两个女儿告诉他,如果需要上法庭,她们将做怎样的证明;汤姆——那可是我的儿子,还说到好的风格对他父亲生意的影响。我们真的成功了!克鲁先生都没怎么抗议,直接去休息了。我想他只是在伪装吧。管他呢。我们还让他签订了四份协议,我们四个人每个人持一份,他允诺我们的独立,如同每个现代家庭期待的那样。克鲁先生会遵守他的承诺的,他一贯如此。我都无法描述自那晚后,他变得有多温顺和仁慈。虽然有点茫然,但至少勉强同意了。"

在美国有许许多多的克鲁先生。他们思想呆板,枯燥无趣;即便知道自己的价值观念已经站不住脚,仍然拒绝做出改变。尽管承认自我牺牲是一种美德,但他们从来不会真的去践行,而只是用它来掩饰自己的无情。他们也从不正视生活,而只是用事实来为自己辩白。这并不是对他人的蓄意行骗,而是一种自我催眠。当他们打破了这一伪装时,他们也会感到痛苦;当他们打破了自我否定的某种狭隘的模式,他们也会因此而生自己的气。然而,需要说明的是,他们从来不会设法去改变他们自己创造出来的处境。

如果你否认了你的才智,那么你的判断力也同样值得怀疑。总有一天,那些因此而被解雇的人,会恼怒地不停抱怨他们所遇到的困难,但却无法解决任何难题。他们与克鲁先生一样,尽自己的"本分",并否定那些与他们道德观念相违背的人。"无私",也因此而沦为了独裁的核心。

克鲁夫人应该继续忍受她丈夫的自我中心吗？你给出什么样的回答，取决于你遵循哪一种道德准则。

对于信仰"**绝不自我妥协**"的人来说，唯一要做的就是想办法来解决危机。其问题在于，如何找到一种方式，能够使克鲁先生改变自己的风格，而不会因为他家人"**纯粹的自我满足**"——安于现状、不追求自由——不去想让克鲁先生有任何改变。他们都经历了多年委曲求全的生活，都曾面临过生活的没落。为自由而斗争就如同另一次波士顿倾茶事件。

在我看来，应付这种拒绝直面自己精神上的冥顽不灵并将此强加给家人的亲人，只有两种方式：第一种，妥协，彻底而恭顺地妥协，直到你死去，反正也不用等太久；第二种，创造这种具有突破性的情境，总有些事情是无法避免的。对暴君来说，这就是苦口良药。

我还想做点补充：不要协商，不要请求，不要争论，也不要试着去劝服。你唯一要做的就是使对方精疲力尽，勇敢地引发危机，并坚信，如果你选择在痛苦中艰难地熬过多年，其痛苦远甚于这场危机。

沉默的意图这一原则也适用于应付"**神经性自私**"（自我中心主义，一种精神疾病）。他们幼稚的虚荣与不成熟的感情主义根本无法通过言语而得到克服。我们经常能在过度敏感、忧郁和自私等情感中发现自怜和隐秘的残忍所带来的强烈自责。但是，即使我们努力去抵制这种自怜和自责，我们也无法克服。神经性自私总是会把你所说的话曲解为刻薄，总是因为他自己觉得受到了虐待而对你进行谴责，并试图以此来陷害你。你的话总会被复杂化，你的意图总会被曲解。利己主义者总是用邪恶的意图来解读你，直到你与他们的关系变得复杂而混乱。

停止你们的讨论吧，将他抛诸脑后吧。争论治不好因发烧而导致的说胡话；而言语的压力也改变不了神经过敏者的病态心理。对于那些因早期环境造成心理畸形的可怜人，你也无法责怪。那些已经融入了他们骨子里的东西，以及家庭背景造成的不幸，其责任都不在他们自己。你无法因为这些东西而责骂他们。

将一个人所犯的错误等同于这个人也是不对的。神经官能症之于他，就如同你那些歪曲你真正意图的坏习惯之于你。他们表现出来的那些变态的嗜好并不属于他们，就像你那些奇怪的过敏症并不属于你一样。

决定你自己的生活方式以及你想做什么，想象你的亲人并没患有神经官能症。然后不管发生什么骚乱，你只要坚持你自己的生活方式，骚乱总会过去的，他们总会开始好转的。**绝不要屈服于任何人的神经官能症**，勇敢地奋起反抗，然后无视它。

搞定你的麻烦

聪明的人会学会用麻烦对付麻烦,让它们自相残杀。你应该听说过那个把老婆娘家所有亲戚都邀请到自己家里,迫使他的岳母离开他家的男人的故事吧。

相对的麻烦,就如同双重否定一样,往往能够相互抵消。有个商人,他的合伙人非常难缠,总是干涉各个部门的运行情况。为了治合伙人的这个毛病,这个商人把日渐增多的员工们所遇到的问题都交给合伙人处理,后来合伙人终于受不了了。自此之后,这位合伙人只做自己的本职工作,其他工作都交给相应的负责人了。

这个商人的方法,可以用一句话来概括:**以行动获胜,靠反作用护体**。当没有东西妨碍你的努力,亦没有人阻挠你的道路时，那么直接的方法就足够了。然而，很少有人的成就是在如此太平的环境中取得的。生活中那些自高自大的人，总会用他们的傲慢与无知带给你压力与负担。只有看清楚他们愚蠢的行为，并以反作用力予以化解，才能搞定这个徒劳的世界中的杂乱不堪。

曾经有个多管闲事的警察，给我开了一张罚单，原因竟然是我停车超过了一个小时。可是那个广场周围都没有相关的标志。我看到那个警察站在十字路口，于是我向他走过去。

我对他说："警察先生，我正在筹划一项关于该镇停车问题的调查，请问您知道从这里走到'停车不超一个小时'的标志牌有多少英尺吗？"

他回答说："我想有点多。"然后把罚单收回去了。

如果你想赢，那么在任何情况下都不要恐吓一个自负的人。最实在的方式在于你如何应付这类问题。当某个人辱骂了你，不要生气，也别表现得像个自以为是的巨人一样。如果你认为他试图欺骗你，记得收起你的实力。因为不经大脑的自吹自擂会引起他人的警觉，而放低自己的身段会使对方高估他们自己。麻烦越大，你越要隐藏自己的实力。只有胆小鬼才会依赖尖叫和威胁。

如果你不给对方机会展露他的实力，那么你将对其一无所知；如果你一味炫耀自己的力量，那么对于他人的能力，你也无福得见。但是，如果你展示出自己的需求与弱点，那么对方的傲慢就会显现出来了。通过这种方式——这也是唯一可能的方式,你才能找出对方暗藏的弱点。

换句话说,没有什么比无意识流露出来的诚实更具有杀伤力。当敌人害怕你的时候,你是无法知道他的深浅的。而且最奇怪却也最真实的是,对表里不一最大的保护就是保持纯粹的简单。当因为欺骗而使得一个人不再诚实时,他的算计会变得非常复杂,因为他根本不了解你的能力。如果你表现得如同小孩一般自然而天真,那么你的这份坦率反倒会使他不敢上前。因为他自己具有两面性,所以他不可能只盯着一个方面。最后关头的背叛能够摧毁每一个人,这也就是为什么狡诈的人却从来想不出好策略。因为他们无法预见(策略错误所导致的)伤害。因为他们自己没有良知,所以他们也无法理解你的坚持。

除了人类之外,唯一缺乏智慧无法保持不动状态的动物就是猴子。即便在行动前,它仍然要唧唧地叫。唯一能表露出它目的的,就只有它的尾巴尖儿,(在这种时候)即便是丁点儿移动,也是不明智的。沉默和偶尔静止的等待能够创造奇迹。相对于大风而言,真空更加强大。你也可以采用这种方法,通过麻烦抵消麻烦,从而使麻烦得以解决。

我曾经认识一个女人,她的小孩特别顽皮,每次她造访都让我感到苦恼。当时我养了一只狗,身上的气味特别难闻,就像那个小孩一样。对我来说,那个小孩就是个麻烦。后来,我开始带着我的狗去回访那个女人。再后来,她再也没有来过。

然而，如果麻烦没有找上门的话，你最好别采用这种方法。对付它们，第一步在于你自己。首先你得理清你精神上的混乱，摆脱你的焦躁。（你要知道，）跳蚤、蚊子还有债主都只是生活的一部分。傲慢的邻居和愚蠢的亲戚也并不少见。将它们视作你手心的灰尘，轻轻拂去就好。只要你保持冷静，基本上任何问题都能解决。

记住这样一条规则：当你还在为某个麻烦情况感到苦恼时，不要试图去解决它。把它放在一边，直到你注意到它有趣的一面。即便是你因为儿子愚人节作弄而受伤的脚趾，也有它欢乐的一面，不是吗？

当然，在很多时候，非暴力不合作实际上会变成"火上浇油"。对于偶尔相互生厌但却一直互相关爱的人，则更是如此。陪伴已经失去了热情，变得冷淡。如果你还坚守着愚昧的骄傲，那么漫长的冬天是在所难免的。你可以采用另一种温暖的方式，用热量战胜寒冷。换句话说就是，如果你移动不了冰山，你可以选择融化它。将此视为一桩有趣的任务，你将从中寻找到快乐。或许，你可以将你丈夫的牢骚作为目标，用越来越多的温暖去感化他。对于你这种愉悦的关爱，他是无法拒绝的。

然而，只有你内心认可"好方法"，它才会起作用。在恰当的时候，一个微笑能感动大众。但如果你等到真的面对众人的时候才学着微笑，你是不可能学会的。保持温和的性情，了解它的真谛，什么时候应该这样做以及为什么，还有它真正的感觉是怎样。对于促进真诚来说，这是必不可少的。如果这是为人和善的原因，那么（我要告诉你）善良是最差劲的策略。大部分"成功学"的书，其问题都在于它们教你应该怎么做，却没有告诉你除非你真诚地认可他们的建议，否则这些建议是不会起任何作用的。

再蠢的傻瓜也有其聪明的地方，而即便你再善良，也完全不可能成为圣人。化敌为友的技巧，在于我们每个人都有善良和邪恶的双面性。对于你那些非常明显的弱点，直接向你的敌人承认吧；发现他身上那些曾被你忽视的长处，他的敌意将会减少。我们把这个称为制约性的爱的哲学。如果好的东西与一些不好的东西产生了联系，那么它们身上积极的能量会战胜邪恶的情感。换句话说，如果你的敌人同时仔细考虑到了好与坏两方面，如果这二者的结合会提醒他，若是他只看到坏的一面，他喜欢的那一面也会因此受到伤害，那么他肯定不会这样做。

我认识一个男孩，他曾经和那些放荡的同伴混在一起。后来他意识到，他可能染上一些疾病，而这些疾病会传染给他的家人，也可能会伤害到他的妈妈和姐妹们。由于他为她们考虑，所以他改变了自己的作为。

每一种情形都存在容易失去控制的点。**你的敌人自负吗？**那么他会忽视很多小的细节。**他犹疑不决而且自卑吗？**那么他已经错过了很多重要的事实。**他容易紧张而且高度敏感吗**？那么他做事会很冒进。**他草率而且狂妄吗**？那么他在某些方面会特别拖拉。坚信弱点的存在，会促使你去寻找它，而且这种坚信是你寻找的最大助力。把寻找弱点培养成你的习惯吧。

各国特务机构的间谍们都会接受培训，去观察那些反常的新情况或者新面孔，去了解那些异乎寻常和出乎意料的人和事，去发现隐藏的线索；他们留意那些奇怪的言论，探究那些原因的行为，去留心那些紧张的表情；他们对那些令人不愉快或者语调傲慢的声音，对行为突然的改变，以及对隐匿的证据都保持警惕。他们对极端的言论追根究底，同时也注意潜在的趋势走向。他们就是这样来保持警惕，并取得胜利。

对待自负之人，你应该持有怀疑的态度，但是对整个世界而言，你无须如此。当然，在以下情形中例外：

当你确定对方并不可靠；

当你确定你自己能保持客观；

当妙招符合规则；

当你不因你的技巧而傲慢；

当它对维持你接下来的行动必不可少；

听从大自然的指示，毕竟她是最为灵巧的，不是吗？

从大自然赋予跳蚤如此强大的跳跃能力，便可见一斑。顺带问一句，鸟类和其他动物的保护色是一种不诚实的东西吗？那么在某些场合，机敏也不能称为诚实吧。

当你不得不成为一个战略家，那么就好好谋划，不要满怀愧疚、犹疑不决、目光短浅。要么做，要么不做。当然，即便是受到敌视或者讨厌的人威胁，你的行为也要受到合作与互助法则的制约。如果你信仰的是**"绝不自我妥协"**，那么你所采用的技巧肯定会为他人提供建设性的发泄途径；你对他们罪恶的挫伤也不仅仅是为了满足一己私欲。对你的不公便是对生活的违背。你也应该这样做。

一些擅长心理策略的人总结了如下规则：

不要表情冷漠，那样在美国行不通；练习面带天真、外向而且和善的表情，并且保持住。

无论在什么情况下，热情都是最好的防卫；全心全意是会传染的，你希望受到怎样的对待，先那样对待他人。

黑豹也会偷偷打呵欠、伸懒腰；没有什么比忙里偷闲更有力。

遇到窘境时，学会自嘲；笑声是世界上最强大的武器；学会自嘲，感染他人。

如果非要亲口说令人不快的话，那么语速慢一点，语气温和一点。

没有什么比声音突然的低沉更令人吃惊，一直保持低声也好过握紧的拳头。

不要在敌人面前显露你的聪明；你表现得越愚笨，他的攻击力越小。

不要奢望自负之人能表现得很顺从；不要向他们提建议，直接说相反的计划，然后你会如愿以偿。

记住恐惧比自我更顽固。要想使一个胆小的人克服对某事物的恐惧，想一些对应的恐怖的东西，然后谈论它。鬼故事可以驱使一个胆小鬼穿越一片狼群出没的森林。

不要试图去控制其他人。管好你自己以及你的言行。尝试控制别人必然失败。一定要明确自己奋斗的方向所在。

直面困难，困难会被你吓退。在绝大多数时候，你的困难都是源于他人。这也就是为什么解决困难的方式决定结果。不要退却，迎难而上，制造困难的人将退避一旁。

当他人对你置之不理时，以同样的方式对待他们；任何场合中都不缺乏好建议，从环境中取经，你将受益良多。

不要相信一个藏拙的人，人人都有缺点。人越聪明，越敢于承认自己的浅薄。在人群中，了解自己不足的人最安全。

欺骗意味着承认自己的软弱。强大的人几乎不耍小聪明；如果你不惧他人的欺骗，对方反倒会落荒而逃。狡诈多端只会导致愚蠢无知。毕竟，聪明总被聪明误，不是吗？

高尚的自私

一个职场女孩坐在医生办公室,紧张而又疲惫。医生是个富有经验的女性,她意味深长地盯着女孩,似乎在思考着自己将说出的话会造成什么样的后果。对于女孩的表情,她感到很满意,于是微微一笑,温柔地说道:"亲爱的,我觉得你应该休个假。"

"休假?!为什么?怎么可能!"女孩大声说道,"公司不可能准假的。再说了,我也没钱去其他地方。"

医生点点头,说道:"我懂。但是我说的不是这个意义上的休假。我说的是让你暂时先放下作为女人的职责。你整天辛苦工作,帮你的上司承受着各种压力,这种压力都是因为他的男性中心意识带给你的。你要打扫公寓,要做晚餐,还要洗衣服。朋友们来拜访的时候，你总是做出各种美味佳肴，总是不嫌麻烦地让他们过得开心。"

"但是男孩子们就吃这一套。"

"我知道，"医生赞同地说道，"我也是女人。但是你能告诉我，男孩子们会怎么做？他会让上司那些无止境的麻烦来困扰自己吗？他会自己做饭，洗衣服，还有打扫卫生吗？最重要的是，他会为了在第二天让你开心而费尽心思准备到凌晨吗？"

"我觉得不会吧。"

"不是你觉得，是肯定不会。只有女人会这样做。现在，我让你把女人做的那些事放在一边。当你忍不住的时候，就问问自己男生会怎么做。他们做不到的事情，你也没必要勉强自己去做。"

这是国内一本杂志上的一个小故事，作者是范妮·基尔伯恩。范妮会收到全国各地女性朋友的来信，她们在信中向她表达谢意，其中还有一些人描绘了这种聪明的自私行为所产生的影响。

如果我要写一本关于女性应该知道的事的书，我肯定会申请把这个精妙的故事加进来。每个家庭都应该读读这个故事。在基尔伯恩女士写的这个故事中，女主角发现她的一个异性朋友来她家纯粹是为了吃到她做的饭菜，而她的上司能够保住他的工作，是因为她的效率。她对人的关切，使得她接替了上司的工作，还帮她赢得了一个男人的爱。

在最后的分析中，一直到她收到医生的建议，故事中的女主角都在自我妥协，并因此损害了自己的健康。她的成功，源于她拒绝继续背负那些负担。然而，她的这种新精神，并不仅仅是为了自我满足，也不是让他人顺从她的意志。她只是保有自尊，拒绝再做超出底线的事情，向这个使女人沦为牺牲品的堕落的社会提出质疑。

一个叫皮埃尔·珍妮特的法国医生告诉我们，由于女人在许多无关紧要的事情上面浪费了自己的心力，所以迄今为止，她们收获的名声和力量都更少。相对于男人，她们更应该学会自私的艺术。

你可以对比一下许多工业家们对工作的专心致志程度。他们把工作视为一切；而其他人却不得不顾及另外的方面，如家庭、朋友还有员工。如果不这样，工作就没法完成。想想作家们的投入程度，他们总是全神贯注地进行书本的创作，在灵感降临的时候，绝对不能受到外界的打扰。在努力面前，生活也得让道。

或者，你也可以想想加里波第、马志尼还有托尔斯泰对目标的热情，想想瓦格纳、歌德还有罗丹对自己作品的专注。外界能打扰他们吗？周围的人都必须为他们服务。否则，又怎么会有那些伟大的音乐作品、戏剧作品以及雕塑作品的诞生呢？

无论是谁，当他毫无保留地将精力投入到某个目标中时，专注是他的权利。我们无须害怕成功。总会有那样一些人，当成功即将到来时，他们自己却逃之夭夭了。似乎在他们看来，力量和成就无关乎精神，并且总会无意识地将失败和善良归为一处。

总有那么一些自卑的男人，也总有那么一些不敢正视自身性感的女人。因为无私的人不应该拥有那些能力——总会有人这样对我们说。难道我们非得要打着善良的名义，忍受着这些枯燥无味的女人和这些畏怯的小男人吗？

高尚的自私提倡人们表达出自己的吸引力并拥有独立的人格。在这个过程中，你可以学到人际交往的艺术，并学会做一个有趣的人。它们都是宝贵的财富，是不可能通过上"如何拥有魅力""怎样变得有吸引力""如何引起他人的注意""如何拥有一双电眼"以及"如何所向无敌"这些愚蠢而肤浅的函授课程而获得的。

让人去贵格会学习如何变得有魅力简直就是胡说八道。但是，难道就因为那些骗子抢占了我们的需求，所以我们就必须放弃取胜的方式吗？除了美国外，再也没有哪个地方教授人"如何变得可爱迷人"的行业如此发达。只有在孕育出灰不溜秋的老姑娘的地方，人们才会需要学习怎样变得甜美。也绝不会有其他人会试图将销售员培养得性感而傲慢。

此外，由于人们对情感魅力商业化较为认可，因此对于获得幸福感而言，它仍然必不可少。如果你不培养自己的个性，没有人会帮你；也不会有人帮你获得他人的响应或者得到他人的认可。只有通过自己的实践，你才可能熟练地掌握高尚的自私。你会学着如何触及他人的内心，别人也会留心观察。

掌握这个技巧并不难。每个人都会感到寂寞，都会渴望浪漫的慰藉。性感并不神秘；也不会有人无法获得安全感，或者对你所说所做有关衣食住方面的内容无法回应。我们渴望地位，我们也会对那些帮助我们取得地位，以及帮助我们熟悉情况而适应环境的人顺从。

每个人都想要自由。然而，金钱就意味着牺牲；假如有人给你指明了致富的途径，那么你的命运就会和他捆绑在一起。无论人们是给予我们口头抑或行动上的帮助，我们都必须对这份友谊报以感激。只要他带给我们快乐，有助于我们放松，并给予我们慰藉，我们就应该爱他。只要他的友谊赋予我们安全感，帮助我们避免危险，带给我们鼓舞与信心，我们就应该视他为兄弟。因为他，使得我们做自己，以及表达自己。

那些愿意为他所认识的人这样做的人，总是能够获得他人坚定不移的爱。神奇之处就在于，虽然他所获良多，但他并没有从他人身上索取。而这，也就是这类自私的魔力。

走出孤独

一天又结束了,到了达西百货商店打烊的时间。卡罗琳·芬威收好自己的东西,很快便挤上了回住处的地铁。一会儿,她就会独自吃完晚餐,然后开始沉醉于一本新的小说。

在纽约这样的大城市生活,你的周围充斥着无数的人,他们来来去去,笑笑闹闹,为了自己的利益而奔波,却从来不会去关注他人;不就像一片孤独的荒漠吗?没有人会注意到她,她变得愈发沉默。孤独浸入到了她的每一个细胞,使得她像一只受惊的小兔子。

这种状态已经持续好几个月了,她却不知道怎么改变。交朋友,尤其是认识靠谱的男人,似乎完全没有可能。大学四年之后,她面对的是什么样的境地啊!对于维持生计要面对的这些痛苦,她完全没做好准备。

这还不是最糟糕的。每到夜晚,她还可以短暂地逃避一下,读一些爱情小说,聊以慰藉。只要小说没读完,她就可以沉迷于书中一个又一个女孩子的悲欢离合。只不过,当小说完结,再回归现实的黑暗,孤独地躺在床上,她总会感到特别低落。难道说每个人都会有这样的欲望,都会有这种生理需求吗?她很想知道。

冬日的阳光洒在地上,透过帘子映射出点点微光。卡罗琳已经在人事部经理布莱斯夫人那间狭小的办公室坐了一个小时了。她不知道为什么布莱斯夫人会让她讲自己的故事,也不知道该怎么开口。她总是沉默寡言,不太习惯谈到自己。

布莱斯夫人这样说:"如果你需要帮忙的话,我可以帮助你克服你的忸怩,并且告诉你如何交到朋友。首先,我建议你别再读那些爱情小说,去艺术学院报一个夜校课程。对处于你这种境地的女孩子来说,那些爱情小说就如同毒药。你工作的表现很好,我希望你能被提升到公司广告部来做行政工作。这份工作需要你更加懂得绘画及色彩。最重要的是晚上你别一个人待着。

年轻人就应该多去上课,去教堂,参加徒步俱乐部还有其他年轻人聚集的地方嘛,这样才能与他人接触。不过仅仅这样是不够的,如果你不够自私,没有自己的个性和活力,也不会有人爱你。你应该常常听人说:'她真的很优秀,但是真的,我觉得她很没意思。'你总不可能光吃盐吧，总得与辣椒和其他一些有营养的东西一块食用。我简直想象不出来坐下来吃一堆白色的东西是什么感觉。但是却有很多人叫我们这样做，他们甚至还奢望我们会因为它们的晶莹纯洁而感到兴奋。简直难吃死了，我只想离它们远点儿。我只做那种发自内心认可的事。

学会不去在乎别人怎么看你或者怎么对你。只有你自己对自己好了，别人才会对你好。**人们与你交往并不是为了你好，而是从他们自己的利益考虑的**。为了让你对他们好，他们可能会骗你说非常爱你，希望与你交往。如果你相信，那我建议你去做个智力测试吧。只有当你为他人的生活创造价值时，他们才会这样对你。给他人一些重要的东西，那么别怕他们不回报你。"

"你认为人事部经理是做什么的？"正当卡罗琳想说谢谢，并向她倾诉自己在社会交往方面的问题时，布莱斯夫人又问。

对，布莱斯夫人问到点子上了。要深受男人的喜爱，就得学会倾听他们的心声，这多别扭啊！

布莱斯夫人对她说："大多数男人都是自负的，他们只想谈论自己，并不想听你说的。所以因为不知道说什么而感到担心就太蠢了。你只要温柔地看着他们，然后问问题就好了。他们更希望看到你崇拜的目光，亲爱的。"

卡罗琳觉得，这也太奇怪了。成功处理人际关系竟然如此简单。现在她算是明白了，以前她感到不快乐，是因为她太孤独，她总是很忧郁，一副苦恼的样子，所以人们都不愿接近她。当她学会了布莱斯夫人所说的"交友法则"之后，变化发生了。

这位聪明的女人这样说过："亲爱的，人际交往是一门技术，长期帮人解决问题教会了我一件事。那就是，为了实现宏伟的愿望，你得想出方法；采用不同的方式来练习这些方法，那么你的愿望就能实现了。这是生活的法则。学会与店里面的女孩们友好地交流，即便她们只是服务员；愉悦地与新认识的人打招呼，跟中央车站擦鞋的人聊天；只要有机会就出席不同的场合；当他人主动攀谈后积极交流，设想他人说的话，仔细思考它们，尽量体会他人的感受。人际交往的灵魂就在于交流。只有走出自己的桎梏，你才可能去到远方。

你不善于表达纯粹是因为你还傻乎乎地等待着梦中的白马王子来解救你，帮你驱走你的孤独。但是这是不可能的。如果你不懂得如何抓住他人的心，并打动他们，那么你永远也找不到他。"

只要不拒绝妥协，那么人们就很有可能委曲求全。当对爱和欢乐的需求变得迫切，人们便会感到满意。但是卡罗琳很快就意识到，这并不代表窃取了他人的满足感。通过为遇到的人们付出，她从中收获快乐；通过帮助他们放弃委曲求全的生活，她从中获得满足。

关于婚姻

　　一年过去了。卡罗琳·芬威满脸忧郁地盯着灰蒙蒙的曙光。在这里,她终于得到了她渴望已久的爱情,可是在她心中象征着幸福的时刻,带给她的却只有苦恼。她取得了很多成功。艺术课不仅让她拥有了爱情,还让她得到了布莱斯夫人曾提过的晋升。在工作时,她觉得很快乐,因为她可以在广告中创造性地表达自我。当然,她还不会画广告图。但是她总要学会的。工作倒是没什么问题。

　　她现在的问题非常明显。那就是她应该结婚吗?会对工作有影响吗?这两个男人到底选择哪一个?她爱他们中的某一个吗?他们俩都希望在那个夏天与她结婚,而她也承认自己非常渴望婚姻。性压力的痛苦早已让她在诱惑下屈服。她一次又一次地妥协，沉沦于永远无法满足的欲望之中。傍晚时分，卡罗琳来到了布莱斯夫人那间狭小的办公室求助，并不好意思地告诉了她自己的事。

她是这样开头的："我又回来了，但这次不是因为我交不到朋友。我觉得——你似乎把我教得太好了点。现在大家都很喜欢我，而且有两个男人都想跟我结婚。"

然后她说出了自己的窘境，还诉说了那些因为担心犯错嫁给自己不爱的人而失眠的夜晚。似乎，两个男人都非常爱她。

"你不是很幸运吗？"布莱斯夫人打趣道。

卡罗琳飞快地抬眼看了一下布莱斯夫人，似乎想弄懂她话中的意思。但是布莱斯夫人只是直直地笑着看向她。接着，布莱斯夫人虚构了一个关于车祸的故事，在这场车祸中这两个男人都受了重伤。

她讲得很生动，卡罗琳紧握着手，听得直掉眼泪。"不，不，不要那样，我不想那样。"她大声说道。

"亲爱的，放心吧，不会的。但是你知道自己会走向谁，知道自己爱谁了吗？"

卡罗琳点头说道："我爱迪克（理查德的昵称）。"

布莱斯夫人继续说道："你懂了吧。爱情无关于道德的高贵与否；它也无关于才华抑或物质财富。它在于两个人之间的相容性。我们都会感受到一种奇怪的拉力，我叫它重力。你克服了自身的羞涩，但是却仍然有一点男性恐惧症，你害怕男人,而且担心自己对男人的判断失误。你眼中的芬威克·阿特伍德很优秀,聪明而成熟;他对你的追求坚定而且主动。然而理查德·斯特朗才是你爱的人,即便他贫穷,而且没那么聪明;但你爱他的柔情款款与善解人意。你内心能感受到他的忠诚。"

"嗯,我跟他在一起很有安全感。"卡罗琳赞同地说道。

"这是最可靠的表明,"布莱斯夫人继续说着,"我想,我没必要再让你比较这两个男人的优缺点了。你已经给出了自己意识中的答案,虽然很可能我们俩都还有点疑惑。所以我才想象了这样一段经历,来触及你的内心。这也就是为什么我跟你讲这个故事,把你们三个人都置于车祸中,并让他们俩都受伤的原因。"

卡罗琳说道:"嗯,您讲得很好,我完全陷进去了,就像以前看小说的时候一样。但是我当时就知道自己不会冲向芬威克,去照顾他。如果理查德出了什么意外,我简直无法忍受。"

"如果你不嫁给他,你的生活也会像这样。如果你嫁给芬威克,你将一生都怀念着迪克,悲伤地想象着他过得怎么样。"

"您太聪明了,您是怎么想到这个方法的?"卡罗琳问道。

"亲爱的,这并不是聪明,而是靠训练得来的。现在我们都知道了,无论问题多么严重,其秘诀都在于如何将一个人的想法转换为经验,并设身处地想这个问题。此外,人们在想象的时候还须深入而主观。只要把你放入那个故事,我就能实现这两个目的。"

如果对于人生的所有困难只能有一个解决建议，那么我想它应该是：将想法变成经历。使理论有形化，带着感情想象行为，**通过想象中的行动来试验你的想法。**

卡罗琳会感到矛盾是因为她从未深思熟虑过，而只是忧虑着自己爱情的纠缠。她理性地列出了芬威克·阿特伍德的可取之处，也分析了理查德·斯特朗的优点。但是她却忽视了自己对迪克爱情的力量。再说，芬威克一直都比较殷切，他不缺钱，所以他有自信；而迪克却一直犹豫不定，因为他不确定自己能够给予他觉得卡罗琳想要的一切。卡罗琳现在算是懂了。

对大多数人来说，当他们觉得自己陷入爱河时，从无私这个愚蠢的观点来看，他们只不过是受到了占有欲的迷惑。似乎被爱就可以确保他们在爱人的眼中具有人格魅力，无私而且道德高尚。于是他们屈服然后结婚，故事的结局你应该也能想到了。这种事情并不少见。

不要仅仅因为对方爱你而步入婚姻，因为被爱这个理由并不充分，并且有时候还很糟糕。如果他只是占有欲强，并且嫉妒心旺盛，那么他并不是真的爱你，而只是想占有你。他需要通过拥有你来满足他的虚荣，将你视为奴隶能让他感受到力量。如果你喂饱了他的贪婪，你将后悔终生。占有和妒忌都只是掠夺性的兽性，是洞穴生活的残存。

只有当你也爱对方时，才应该与对方结婚。与对方缔结婚姻，是因为你爱他，而不是因为你愿意为他牺牲，或者想占有对方。当自我否定和占有这两种罪恶入侵一段人际关系时，那么邪恶将会随之而来，而爱则会夺门而逃。如果婚姻的基础是自我牺牲，那么你便嫁给（娶）了世界上最低劣的品质，而这才是最大的否定。事实上，爱的法则是一种把自我否定作为生活方式的愚蠢行为的否定。将你直观和最初的欲望视为背景，使得婚姻沦为灵魂的交易。因为完全相爱这一事实之外的原因而结婚，就是赤裸裸的犯罪。

不要为了取悦他人而结婚，因为这是对爱情的玷污；与其在这样的婚姻中苦苦维持，还不如早点离婚。伴侣之间内心深处的最真实本能要求总有一天会在某个地方出现，使一段委曲求全的关系沦为痛苦的挣扎。不要让他人的命运阻碍你的爱，否则对于这个你为之牺牲的人，你不仅会暗自憎恨，甚至还会毁了他/她。当爱降临时，与他人分享它带给你的一切，无论是父母，是儿女，还是丈夫或妻子。勇敢地去爱，去拥有爱。但是绝对不要敷衍，要等你自己与你的生活都已做好准备。任何事情，如果无法坚持到底，那么最好不要开始。

最重要的是，即便失去婚姻的保护，也不要与婚后大变样的人，抑或是你不愿与他在一起的那种人结婚。男人在婚后总会发生一些变化，这种危险无可避免。但是如果他在这段婚姻关系中失去了自己的个性，那么他终将失去这段关系。如果他被困于类似的伴侣关系中，因为女人不停地将自己的问题转交到他身上而表现得像个忠实的奴隶，或者在社会的压迫下，背负着太重的负担而陷入无望的境地，那么这个人终将沦为一个不受欢迎的响应者。

在爱中有一条基本原则，那就是："永远做自己。"从开始便坚持做自己，这是对自己唯一的保护。对于与你全然不同的人，你无须去赢得他的心，因为那样只会给你造成烦恼。不喜欢你真实样子的人，当发现你原本的样子时，会在内心深处讨厌你。

在婚姻中，绝对不要沦为对方的附属品。要保持你自己与生俱来的渴望和你的思想。不要被男人放在家中置之不理，也不要被女人牵绊在家，就像一只戴着锁链的狗。你首先属于生活，只有当对方的目的不是占有你时，你才属于对方。

还有一个必不可忘的原则就是成熟。从前，人们在未成年的时候就结婚了，所以许多方面都发育不完善。婚姻中的双方都处于成长过程中。因此，最需要考虑的不是"他到底是怎样的人？"而是"**他将来会是怎样的人？他将来做什么？他是如何成长的？在二十五年内他会成长到什么样子？**"。

他有你想象中成熟吗？你们是否会共同成长，是否可以做到共同成长？如果答案是肯定的，那么你们可以继续在一起。但是如果你们的成长背道而驰，那么离婚是无法避免的了。在考虑婚姻时，保持发展变化的态度完全有必要。它甚至能避免你的完美主义。用你期待中未来伴侣 90 岁的样子，来评判他现在的样子是很荒谬的。一个 29 岁的人不可能做到十分博学、十分体贴，而且十分懂得谅解。变得成熟，是需要经历时间洗礼的。

如果你的爱人能许下这样的承诺，那么便足够了；如果这份承诺正合你的心意，他秉持与你一样的价值观，他知道你内心所想，那就足够了。但是如果你喜静他喜闹，你想参观博物馆而他更宁愿去看卡巴莱歌舞表演，那么不要嫁给他。与其在经历多年的伪婚姻后才意识到自己并未曾真正拥有过这段婚姻，那么还不如选择现在就失去爱情，这样伤害反而更小。

当你为爱妥协时，你实质上就是否认甚至伤害你与生命的基本联系。更重要的是，你还会成为对方生命中的障碍。你与他共同生活，甚至依靠他而活，都是在消耗他的生命。你的这种自我放纵违背了维持亲密关系的基本原则。如果婚姻纯粹是为了自我满足，纯粹是为了满足一时的心血来潮，那么你的生命追求也便失去了活力。

吸引人的艺术

"我们公司遇到了危机,"他说,"我的合作伙伴们都觉得是我的责任,因为我是销售经理。但是我们的产品实在卖不出去。"

"你们目前是怎么解决问题的?"

"我们在广告方面投入了很多,我也尝试了各种推销手段。而且我还见过了我们领域每一个经销商,从高层到酒鬼我都认识。他们会卖我们的产品,但是顾客就是不买。"

"你们的产品是什么?"我问道。

"报摊卖的单独包装的条状糖。"

"你的意思是卖报人和经销商故意不卖你们的产品?"

"肯定是他们搞的鬼。"

"你们的价格怎样?"

"和其他牌子的差不多。"

"那大小呢?"

"差不多吧,可能大一点。"

"让我看看你们的糖。"

他去拿糖,一会儿就回来了。我拿起一根。它的包装是绿色的油纸,上面密密麻麻地印着集齐 100 个粘贴纸包装后可以得到兑换奖品之类的信息,字迹是黑色和蓝色的。油墨的味道还没褪去。

"假如你把这个给一只猴子,他也会扔掉的。"我说道。

"它已经很好很完美了啊。"他大声嚷嚷着。

"但猴子还是会把它扔掉。"

"为什么?"

"因为这种绿色是一种有毒的野草的颜色,也是铜外表形成的那种东西的颜色,它也是有毒的。这种带点儿蓝色的绿色,是危险的警告。而且油墨闻起来也很刺鼻。猴子是不会看包装纸里面的东西的,我也不会;所以它会直接扔掉,而我会选择不买。这也就是为什么那些卖报人不卖的原因。产品的包装一点都不吸引人。"

就在这次对话发生的时候,我朋友的许多竞争对手都学会了使用透明的包装纸,以方便顾客能看清里面。于是我让他也采用这一方法,在外面扎一条简单的白色的带子就行,看起来就像套餐巾用的小环。不到一个月,这家公司就扭亏为盈。

也许你会说,这只是一个被众多竞争对手采用过的简单的小技巧。然而,依然有很多的个人和公司未能认识到这么一个简单的常识,从而屡尝失败的苦果。

要想引起一个人对某个事物的兴趣,唯一的方法就是采取一种聪明的方式,打动他的私心。在对付训练有素的牺牲型理想主义者和对付一个如夏洛克一般贪婪的人时,这一原则都适用。即便是被奉为神圣的慈善工作者也会关心你说的话和他的工作有什么关系,因为他也想在自己的领域取得成功。

才智是欲望的满足因子。我们运用才智来满足自己的渴望。如果忽略了这一点,那么你不可能售出你的糖果——或者说你的想法。接受这一点,你将会赢得你孩子,甚至你妻子的合作。

毕竟,如果说自卫是你最主要的驱动力,那么对于与你打交道的人来说不也是如此吗?想想他的兴趣和需求,学着如何让他感觉更舒服,并带给他更多的力量。那么,你也就无须再费神去争取他对你的回应了。

一个小男孩,当他想让同伴来自己家玩时,他会先去同伴的家。这就是一种聪明的行为。当你想让别人按照你的思路思考,那么你应该先找到他的思路,找准切入点与他产生共鸣,然后再向他推荐你自己的思路。

但是当你自己思维混乱时,就不要奢望别人也会喜欢它了。智力上的同伴关系，要求你能够彻底地理清自己的想法，能够化繁为简，化暗为明。只有用精简到你妻子的娘家人都能听懂的语言表达出自己的想法，别人才会知道你在想什么。

有个从事科学工作的人，他桌上放了一个泰迪熊。他曾经尝试着将他想阐明的科学真相用简单的语言表达出来，以至于泰迪熊也能对他表示赞同。当然，这简直成了一种艺术。

几年前，我坐火车去东部的一个小城市，旅程长达五个小时。我在火车的餐车上遇到了一个外国面孔的人，于是我们聊了起来。他是一个厨师，纽约一家饭店的大厨。我们聊得很开心。他告诉了我许多关于食物心理学的有趣的事实，还告诉了我人们许多奇怪的饮食偏好。在返程途中，我在卧铺车厢遇到了另外一个人，我们聊了起来。他是育牛协会的主席，我们聊得很愉快。他告诉了我育牛的生物学原理，还跟我讲了许多育牛与人类性格特征直接相关的一些信息。交流的技巧很简单，找到别人所说的东西中能够引起你兴趣的话题就行。

成功的交谈遵循好新闻的原则，那就是：从听众熟悉的话题开始，慢慢向不熟悉的话题转变。不要直接把重要事实扔向同伴。迟钝，意味着你笔锋不利，更意味着你思维不敏捷。停下来吧，准备好你的陈述，从对方相信的话题到你希望说服他相信的话题分出梯度，给对方做好铺设，最终得出你的结论。

大多数对话在展开前便毁了。因为太多人都认为，只有否定对方的话，才能使一场成功的讨论进行下去，即便你根本不懂人家说的是什么。

要学着说:"你是说……?""你想表达的是……?""我按自己的理解重述一下你的想法,不然我表达不清楚。"主动找出他人担心什么,但是不要说出他人的意图以羞辱他们。最令人不快的事莫过于口无遮拦地道出他人的难言之隐。"亲爱的,我知道你是这个意思,只不过不敢说出来"这句话已经够造成杀人的原因了。既然你如此关注自己的权利,那么不难想象,他人亦如此。

主张使用高谈阔论方法的人,总是喋喋不休地引起他人的兴趣,仿佛找到人家的兴奋点易如反掌。这种观点是不正确的。一个呆板的大脑是无法唤醒他人的。只有当你自己充满热情,你才能唤起他人的热情;能够使你感到兴奋的东西,才有可能使他人感到激动。我们的生活应该充满活力,确保对他人给出响应。永远不要试图改变他人的激情。(最好的方法是,)听之任之。你只管释放你自己的情感,当它们的焰火变得闪闪发亮时,他人自会与你相随。

每当我父亲想要说服某个人,他总是会告诉对方他自己是怎样被说服的。他并不是想给对方压力,而是想向对方解释为什么这个观点对他来说如此重要。而且,我总说,他是战无不胜的,即便对手是他的家人。

许多销售课程的作者都会谈到吸引他人注意力的技巧。但是在我看来,这种观点纯粹是夸夸其谈。因为人是不可能**吸引**

到他人注意力的。你只能找到对方的注意力所在，然后用你感兴趣的事引起他的关注，这时你实际上已经把你想要传达给他的观点置于他视线上了。你想要钱，如果我能向你证明，某些你以为必要的花费实质上可以减少，而你仍然可以问心无愧，那么我根本不需要用上高谈阔论的营销手段来获得你的关注。

为了让他人跟着你的想法走，大多数人都会表现得和蔼可亲。然而，最好的方式却是彻底消除那种和蔼可亲带给他的压力，因为那种压力就像一个真空泵（让人透不过气来）。不会有人因为你想让他变得善良，就心甘情愿地这样做。他更宁愿的是，在你清楚地告诉对方他无须因为你而放弃自己的利益时，以他的慷慨来给你惊喜。

无论如何，不要强迫他人出让自己的选择权，也不要期待通过肤浅地取悦他人的自负来唤起他人的注意力。一个人生气起来远比他的骄傲更可怕。

当生意面临危机

下文这种场景在几乎每一个制造企业的私人办公室都可以见到。

时间：
选举年的九月
人物：
约翰·斯坦迪什——斯坦迪什器械有限公司总裁
杰克·斯坦迪什——约翰·斯坦迪什的儿子，公司副总裁
马克斯·福特——公司财务主管
柯特·霍尔登——人事经理兼车间主管
伯特·比特曼——侦探

约翰·斯坦迪什站在办公室的窗前,望见窗外高耸的帝国大厦。外面灯火辉煌,但是这位制造商的头脑中却一片茫然。生意上的问题已经使他无暇顾及其他,这流光溢彩的黄昏时节在他看来也不过是一个多云的夜晚。

他的员工已经罢工好几周了。在事情大规模爆发前,其实就有一些纠纷出现。如果这种状况再持续下去,公司也拖不起了。再加上竞争公司不仅没有发生这种状况,还发起了对斯坦迪什公司产品的挑战。

销售人员无力应付竞争对手的这些手段,交货也无法保证。约翰·斯坦迪什疲惫而憔悴地走回自己的办公桌前。他在等一份状况调查报告。楼下的报贩正在大声地喊着关于选举的消息。每多听一句,斯坦迪什的脸色就多沉下去一分。他确信,那些人受到政治走向鼓舞,在他们公司进入破产管理程序之前,对方是不会罢手的。

有人敲门,是福特,跟在他身后的是比特曼。他们的表情都很严肃,虽然比特曼的眼中闪过了一丝骄傲的神情。

斯坦迪什紧张地看向他们:"事情怎么样?你们有什么发现吗?"

"比特曼,你说吧。"福特小心翼翼地低声说道。

"比特曼?为什么,怎么……回事?"斯坦迪什向前倾了倾身子。

"我们知道了整个情况,先生,"侦探先生回答道,"问题在去年6月份就开始了。您的对手史密斯器具公司察觉到了可能的就业形势走向,在提名结束后马上召开了董事会。在董事会上,他们一致认为未来局势趋紧,两家公司同时存活不易,所以决定将您赶走。他们转为生产更为廉价的产品,外观看起来差不多,但是售价可以更低,出售的时候给折扣——他们知道您不会——还给干了一年以上的销售人员更高的回扣。"

斯坦迪什皱着眉头说道:"跟我猜测的差不多。"

"您知道在他们的工厂里,车间厂长是怎么管理工作时间和工资的吗?"

"呃,也许,或许……"别人对自己商业头脑的怀疑,使斯坦迪什的自尊受到了伤害,于是他不想正面回答,"你是说他们给工人的工资更高?"

"不,如果他们那样做了,您应该会听说的。这一年来,史密斯公司的每个销售人员都在盯防着他们公司内部发生动乱,而他们这样做的原因在于——如果您先遭到破坏的话,他们不会损失什么。我想他们中很多人都在猜想您这边即将发生的状况。"

"我们这边即将发生的状况?什么意思?"

"我的意思是施瓦兹、奥姆斯比、伯恩巴萨还有罢工委员会都是史密斯公司的人,仍然受他们的雇佣。他们被派到这里,是为了捣乱的。他们耍的这个诡计是一次商业竞争。"

"我的天呐,你有证据吗?"斯坦迪什的脸都绿了。

"是的,先生。我们已经掌握了所有的事实。"

"你是说他们利用我们的劳工纠纷来达到他们的目的?"

"他们是这样想的,"比特曼冷笑了一下,"但是下一个遭殃的就是他们,不过那也得在您走完破产管理程序之后了。"

杰克·斯坦迪什和柯特·霍尔登走了进来。一丝不满的神情从老斯坦迪什的脸上闪过。他向他的儿子问道:"你听说这件事了?"

"是的,父亲,几个小时前我就听说了。您还记得我跟您说过什么吧。"

"我绝对不可能相信的,"斯坦迪什喃喃的声音断断续续,"他们可都是自己人啊。"

"您的敌人才对吧,父亲,事实上和常理都是。"

"我不想再听到你的那一套大道理。"

"我知道您不想听,可是您现在不得不。"

"我不会听的。"

"那我建议您最好在被眼下的局势打倒前就放弃吧,要赢得胜利只有一个方法。"

"什么方法?"福特问道。这位可怜的财政主管,眼睛里面充满了恐惧和愤怒,但他还是竭力表现得像个至今仍拒绝接受警告的男人。

"那就是聪明的自私,"这个年轻人厉声说道,"在奥托·卡恩去世前,他就曾说过,就算只省下十分之一的钱,那也比什么都没有强。他这样跟我阐释聪明的自私：聪明的自私在于能看清身边正在发生的事，并在面对不得不面临的局面时调整方式以自保。他还提醒我说，随着时代的变化，我们并没有拒绝对制造方法进行革新，但是很多人却不愿改革雇佣方式。这也就是我们如今处境艰难的原因。"

杰克的父亲大人蹭地站了起来："我提醒过你……"

"等一下，"马克斯·福特插话道，"现在教训您的儿子可没什么用处。我们自己绝对不能内讧，杰克，你认为导致这次罢工的原因是什么？"

"问霍尔登吧，他管的那些人。"

"那么，柯特你怎么看？"

"我觉得是因为他们有不满。"主管这样答道。

"你说什么？"斯坦迪什吼道，"你这个叛徒……"

"打住，打住，约翰，"福特把他的上司按回椅子坐下，"霍尔登全心全意地与我们站在一边，您内心是知道的。柯特，你觉得他们会放弃吗？"

"绝对不会。"

"那么我们完蛋了。"福特叹息道。

"我的父亲，总裁大人，如果您能运用您的常识，采用现代化的方式思考，丢掉您那老古板的思想，那么我们不可能完蛋，"小斯坦迪什站着说道，"您必须面对这两个事实：一个是史密斯派来的人对我们的不忠和欺骗，第二个是工人们有组织的动乱。如果两件事情同时处理，那么您肯定会输。您只能通过赢得工人的合作，才能打击到您的敌人。您漫不经心地对待那些顽固分子，而他们则出卖了您。您需要他们的忠诚。"

侦探全程都在留心着所有的谈话，当他听到公司这位年轻的成员所说的话时，他脸上的冷笑不见了，相反，他密切地关注着。福特捕捉到了他面部的回应。

"你也这样认为吗，比特曼？"他问道。

"嗯，非常正确，或者说我们只能这样做。我们不能腹背受敌。"

"之前我已经向您汇报过了。"霍尔登轻声说道。

"你的计划是什么？"福特窘迫地问道。

"根据现代生产线重组，"杰克·斯坦迪什大声说道，"像其他公司一样重组。听取工人的想法，在公司事务上给予他们发言权，采用合作的方式。他们不是用假技术吗？我们就诚实地用真正的技术来打败他们。那样遭殃的就是他们了，而我们还是如产品宣传的一样强大。如果把用于生产过程中的精力花一半在改进雇佣方式上，那么我们就不可撼动了。"

你也许对斯坦迪什器械有限公司如何面对挑战并重新调整工作时间要求这一戏剧性的故事充满了好奇，但是在本文中我们却觉得促使他们做出最终决定的原因远比它如何复兴重要。杰克·斯坦迪什努力想让他父亲明白的不一定是对劳工的大方态度，也不一定是年轻一代在解决经济和社会问题时更为激进的想法。他想让他父亲看到的是一种生活的原则，一个适用于解决所有危机的原则。

"聪明的自私"，这是奥托·卡恩给它起的名字。我知道这位聪明的银行家说的是什么意思，因为在他去世前几周他才跟我讲过他的想法。卡恩并不能被称为一个革命家或是共产主义者。坦白地说，他只是对所能保留的资本主义力量感兴趣，而这些是他从事银行业这一生已然养成的一种习惯。

只不过卡恩是一个非常具有行动力的思想家，懂得调整的真正含义。他知道有些时候必须以退为进，或者换种说法就是，如果你想赢得最终的胜利，那么首先你得做出一些让步。在面对困扰着斯坦迪什公司的这种危机时，这种具有建设性的不抵抗方式是最佳策略。

然而，杰克只不过恳请尊重人性的基本规律。公司员工争取的是不再委屈自己，以及更好的工作环境。然而，在这种问题上，抗争可以持续数年。除非我们能意识到每个人都是自由的，并将为了维护自我意识而永远奋斗不止，否则这种抗争绝不会停止；除非我们学会放弃自满，并开始关注共同的福利和聪明的合作，否则在面对这种困境时，我们将永远一事无成。

杰克建议的解决方法可以简化为：

问题解决六要点

1. 公平竞争是道德问题，而非智力问题。
2. 输得起才有可能赢；否则，世界不可能永远站在你这边。

3. 如果不是为了团队，那么在团队中不要有好战心。
4. 如果你能与他人共享自身利益，你才可能永远地留住它。
5. 当你赋予他人行动自由时，你自己才会拥有。
6. 拿不定主意时，问问对手的想法。

爱，并非所有

伯特·弗雷德里克森这一生可谓坎坷，麻烦总是一桩又一桩。这些事看起来不应该发生在他身上：他并不贪婪，也不刻薄；他不会满口牢骚，也不会神经兮兮情绪敏感让人不快。然而，麻烦总是如影随形。在他那儿，所有的关于"善待他人，必将受他人善待"的哲学从未应验。

在生活中，只要是伯特处理的问题就会失败——这才是最悲伤的事实。生计问题关乎两方面：一是爱，一是智慧。也许你宽容仁慈，也许你慷慨大方，也许你亲切友善，也许你彬彬有礼，也许你善于合作，也许你认真负责，也许你英勇过人，但是如果不懂得灵巧地运用它们，你还是会走向失败，彻底的失败。

只有爱是不够的，它离不开智慧——它的伴侣。无知将永远造成伤害，没有理解的陪伴，情感将无法获胜。

很多心地善良的人终其一生都认为爱是无所不能的，这实在是可怜。没人告诉他们这个世界会毫无预警地利用善良，征服它、禁锢它，而不会保护或者引导它，这实在是不幸。力量是智慧之子，并脱胎于爱。

某个午后，弗雷德里克森先生和我坐在一起聊天，我向他解释了他失败的缘由，听完后他大声说道："为什么之前没人告诉我？"

"因为当关乎人类行为时，这个世界总是会故作多情的。它依靠的是古老的例证，并不会将生活精简为道德层面的一些事实。当我们仅仅心怀爱意与善良为他人做奉献时，相形之下，我们的智慧便会黯然失色，也因此，我们拒绝接受自我的妥协。为了运用魔法公式，或者说为了遵从自我的基本法则，我们必须思考，辨别能力不可或缺。如果让多愁善感蒙蔽了我们的眼睛，那么失败将不可避免。

我们先来看看你之前的想法有多愚蠢，你竟然试图用爱而不是用智慧来解开谜题。一项关于人们在处于该种困境中的行为的调查，反映了如下错误的行为：

你们会因为害怕他人的说法或担心他人说自己自私而分心。

当他人因为自身的困境而产生负面感受和情绪时，你们容易受到影响。这是无私同情的一种邪恶行径。

你们对周遭的环境持有道德上的歧视和偏见,直到你们无法再看清局面才会罢休。这一切,都是因为你们不敢做真正的自己。

由于心存愧疚,你放任过去失败的阴影扭曲当前困难的真相,并用一种幼稚的视角去看待所面临的困境,以此来作为对自己罪恶的惩罚。

从情感上来说,你们总是放不下某些问题,直到你们无法思考为止。你们暗自觉得自己自私,并以歪曲自己的动机来惩罚自己。

你们用古板的方式判断事物和道德戒律,并让这些教条代替自己的判断力,迫使你们赋予简单的事实以变态的情感意义。

你编造了一个改编得夸张的借口。因为你有一种你应当是完美的想法,接着当你的理想主义遭遇挫折,你就会变得愤世嫉俗,满腹疑虑。自我怀疑随之而至,接着,你们变得扭怩而紧张兮兮,无法再保持自己的判断力和心态的淡定。

如果你们真的认为智慧对于爱必不可少,而且自我发展与无私同等重要,那么你们会保持头脑清醒,并有条不紊地发挥聪明才智。当意识到自己遇到问题时,在真正看清问题之前,你们应该已经梳理好问题相关的事实和问题的呈现形式。然后,查探看到的所有相关事物,结合内外因素和因果关系,那么你可以试着看清联系抽象与具体的主体价值、趋势和倾向，以及提示。

最后，你们应该整理之前已经进入你记忆中的材料，并将它们互相联系起来，让每个新的事实都与过去的经验发生联系；通过将主要事实归纳为具体的观念，记忆表象将成为强有力的工具，然后你再尝试为它们各自找到动机，这就是我们所说的'变量中的常量'。"

现在，你们也许将这个称为一种有序描述和智能思维的科学方式，然而，只要你们愿意去了解，它就会非常简单。当然，我也只告诉过弗雷德里克森先生用这种思维方式来处理个人问题，因为他是一名药剂师，他的生活环境与在实验室工作的人一样，受到同样多规律和原则的影响。如果你混合了错误的化学物质，后果要么是爆炸，要么是中毒。如果你混合了错误的人，后果要么是骚动，要么是混乱。

大自然不会容许对规律的违背。无论我们是忠诚而无知，抑或可憎而愚蠢，它对我们的伤害都是同样的。不管在怎样的情况下，只要犯错误，我们就要忍受痛苦。不会有人因为动机良好而受到谅解。不经思考地服从人为的信条对于拯救我们毫无用处。屈服是唯一出路——向生命的原则屈服。

麻烦的诞生

麻烦的出现总是循序渐进的。当克拉伦斯·沃森答应了妻子的请求，让她的弟弟跟着自己做生意时，这看起来不过是一个简单的善举；他们让格蕾丝的妈妈搬来同住时，他也没料到这是一个致命的错误。毕竟，这种事情是天经地义的。克拉伦斯又想，母亲总是希望能多与自己的孩子待在一起，于是他的小舅子也搬到了他家。

局面的形成自有其方式，让你无从察觉，而又多种多样。最终，所有的负担都落在了克拉伦斯的肩上，让他无法停下休息，还被那个暴躁的女人（格蕾丝的妈妈）毁了他的婚姻。可是，在第一次答应格蕾丝的请求与最终承受所有的负担之间，并没有一条显而易见的变化界线。

压力无处不在。格蕾丝的态度也没有什么明显的变化。但是克拉伦斯每多承担起一项新的责任，她对他的爱却相应消减了；因为他为她的家人做得越多，能为她付出的就越少。

不知道你们是否注意过这样一个不可思议的矛盾：那些为他人辛苦付出的人，总是会失去对方的爱？这不仅仅是一个事实，而且是一项定律。他人爱的是我们本来的样子。然而，随着他们赋予我们的负担增多，这些负担会造成我们魅力的降低，于是原本的我们不见了，而他们却还下意识地责怪我们。

然而，局面尚未形成时，我们却很少感到担忧。在那个时候，我们根本意识不到它们的严重性。只有当我们发现自己深陷危机时，这种担忧才会出现。但是，摆脱危机却意味着对使我们陷入危机的人生哲学的否定。

克拉伦斯该怎么做才能让自己摆脱现在的局面，又不被岳母怨恨，不受小舅子憎恶，也不用与妻子发生严重的争吵呢？如果他的"良心"仍然那么脆弱，如大多数人一般胆战心惊，如果他曾尝试着修正那个严峻的问题，那么他的内心还会充满内疚，还会让懊悔折磨自己吗？

对于类似境地以及对于成千上万遭受与克拉伦斯同样不公和不幸境遇的人们来说，除了逃离这种堕落的现实外，还有什么方法呢？当被困于这种痛苦的境地时，难道我们不能从灵魂深处摆脱对这些迷信的信仰，并杜绝多管闲事的行为吗？

只有看清批评者们的无知并认识到他们美德的不足，人才会感到自由。

只有当我们不遵循诚实的原则，麻烦才会缠身，因为这是我们咎由自取。当局面慢慢地影响到个人与生活之间的关系时，那些在任何时候都不愿意自我妥协的人将很快明白这一点。他的这种拒绝既不是任性的骄傲，也不是自满。他只是敢于反抗，敢于解决麻烦，并坚信最终这种行为对每个人都是最好的。一旦自我妥协，那么向他人妥协便也不可避免了。

我们每个人都处在两种不幸的夹击之中。一方面，卫道士们向我们灌输一种颠覆性的不切实际的伦理观，一种如此强大的自我否决的教条以至于所有遵从它的人都会变得唯唯诺诺。另一方面，人们又遵从另一套与消极的无私完全背道而驰的价值观，这两者的区别就像猎豹的奔跑和水母的游动一样明显。

几个世纪以来，人们都推崇实用哲学。在无趣的精神性和野蛮的征服之间，并不存在真正的中间道路，要么表现得像无瑕疵的圣人，要么表现得如同一个暴君。

然而，因为我们的智商在这种对人类智力的掠夺性开发中被一分为二，真实的情况其实比这个更糟糕。我们超过一半以上的潜力未能得到开发。弗洛伊德和他的追随者们发表了很多与潜意识有关的研究成果。也许我们应该认为，我们的潜意识被来自传统文化的压力以及过时教义的无视所压抑和逼退，并被罪恶感所填满。

在我们生活的这个环境中，无数的人渐渐变得疯狂，因为虽然他们的智力在进步，但是他们的情感却没有跟上。他们没有意识到可以直接追踪至法利赛人所开创的"金牛犊"导致了多少腐化的事实。

他们也不懂，被那些自讨苦吃并做出牺牲的人所说的善良，也基本上不能叫作美德。如果我们让朋友和家人承担在他们自身知识和能力范围之内的责任，那么我们的压力会去掉大半。我们并不需要把彼此、孩子、母亲还有兄弟的责任都背负在自己的背上。

生命远比我们看到的宽广，远比我们认识的深奥，洞察其奥秘非常必要。然而，这种洞悉离不开与实际的结合。而这也正是生活对我们的要求。生命的目的并不在于让我们背负悲伤，甚至也不是让我们忍受自我。经验，是为了提高我们的警觉性，从而让好的而不是坏的事物到来。

有鉴于此，那么在处理问题时，可遵循如下七条规则：

1. 不要尝试任何你完成不了的事情。
2. 不要以现状衡量一个局面，而应该根据它的变化趋势。
3. 记住，麻烦的产生总是静悄悄的、不声不响的、令人难以置信的，而又持续不断的。
4. 要聪明地判断你是否可以承受。
5. 要有勇气在麻烦产生前便拒绝。

6. 当你的伴侣对你说"没那么严重"时，千万不要相信；结局可能，并且是很可能相反。
7. 身陷于某个局面时，要有勇气走出来——马上；如果你放任自流，局面会变得更为难堪并使你无法承受。

所有事物和人都自有自己的饱和点，你也不例外。总有一天，你会无法再忍受那些令你愤怒不已的人和事。无论他们是何人何物——妻子、姐妹、父母、丈夫、搭档、老板、时间、邻里关系、工作、拥挤的人群或者喧闹的来客，这都没有什么差别，只要他们带给你的愤怒增长的速度超过你排解的速度，那么你总有一天会越界并很可能无法再忍受。如果这个饱和点无法避免，那么趁矛盾尚未爆发，此刻便做出改变，让一些人搬进来、让一些人搬出去、不再期待他们的到来，请一些亲戚离开，或者留更多的个人空间给自己难道不是更好吗？

除非你为自己设置"关键时刻"，否则它总会改变你。失败源自思维的拖延。生活的艺术有一半在于保持机敏。生活中总是不乏机遇，总是充满各种各样的小机会。除非我们能做到不忽略每一个微小的偶然，否则几个小时起不了什么作用，短短的几秒钟更是无济于事。只有那些视自己心理上的关键时刻为常态，并以此来制定策略的人，才不需要眼巴巴地等待着它的到来。

如果由于你道德上的限制因而不敢坚定地解决困难，那么你很可能有让他人来判断你的习惯；如果你因为结婚意味着离开母亲而不敢娶心爱的女人，那么你很容易就能找到无数个失望悲观主义者告诉你，你的这种牺牲有多么崇高。

为了某个你不可能实现的目的而否定你自己，这是不正确的。试想一下，如果耶稣为了满足家人让他为他们建一座新房子的愿望，而放弃了自己教育和治愈的力量，结果会是如何？这种无私是邪恶的，但它却受到成千上万的人的提倡和赞扬。

如果你也忍受着克拉伦斯·沃森所处的这种处境，那么你是在犯错；但是如果你能够有尊严地摆脱它，则与之相反了。常见的自我牺牲，其最糟糕的部分在于它的不诚实。它会散发出恶臭，一种属于腐烂的自负所有的臭气熏天的心灵现象。

自我忽视是一种自杀行为，是个体本性毁灭的第一步。这种心灵的自我毁灭常常先于生命的结束。忍耐力这种邪恶的教条总是会在某处存在着。最终身体的死亡只不过表示着这种牺牲的完成罢了。

如何面对流言蜚语？

　　流言蜚语是美德的工具，常常被视为善良。流言蜚语是道德残忍的武器，是将人们绑在火刑柱上折磨时代的残留。如果你害怕它，那么它就是最为强大的剑；如果你意识到它只是一种假象，那么它便软弱无力。

　　然而，除非个人选择顺从自然，并以科学为自己生活方式的引导，否则没有方法可以教人抵制流言蜚语。

　　生活中也许有很多麻烦在等着你，从信仰与你立场对立的社会教义到爱上一个已婚的女人。你属于联合社团，但是却为劳动权辩护；你是美国革命女儿会的一员，却为了和平而奔走；你与基要主义者们生活在一起，你的父亲是其中一员，但你却不是。只要你在乎批评者们对你的斥责，你就没有办法抵制流言蜚语。你的每一次经历，都是对你信仰的一次考验。

只有内心的自由才是真正的自由。唯一能保护你的是，无论世界如何待你，你都毫不在意。不管是什么样的麻烦，处理的第一原则都是独立，不仅独立于决定的结果，而且也独立于社会所给的结论。如果做不到这一点，那么除了盲目地接受群体的意愿外，其他一切建议都是无用功。

解决麻烦事的关键在于消除个人操守中的不一致。如果你遵从你的信仰，如果你在坚持你的真理标准的基础上尽力做到最好，那么便没有人有权挑剔你。除此之外，没有真正的诚实，也没有真正的快乐。

玛蒂尔达·哈洛威的邻居们总喜欢说三道四。不过她却很少受到困扰。有什么用呢？玛蒂尔达从来不感到难过，由于这些流言蜚语没起到作用，之后便没人再说了。编造一个与玛蒂尔达相似的女商人的故事，却一点也没让她感到困扰，这实在是一种笑话。

如果你能摆脱流言蜚语的苦恼，那么你将能对那些喜欢说三道四的人做出自己应有的判断。如果你将他们视为将死的秃鹰，依靠挑剔这块腐肉为生，那么你就能微笑着面对他们了，就像对着一棵老枯树上的秃鹰微笑一样。对于你那些害怕打破过时规则的不坚定的家伙，你也会抱有同情。你看着他们痛苦地适应那些不重要的社会需求，而从来无法实现自己的目标。后天性适应变成了他们的信条。去教堂必须穿着得体，至于讲授的宗教信仰则不那么重要；无论如何，新娘婚纱的长度一定得合适，至于她是否爱她要嫁的那个人则是次要的。

他们更倾向于关注想象而不是真相，接受文明的伪装，还称它为生活。当伪装的文明变成了一种信用标准时，他们决定效仿这种价值观。他们没有能力做出决定，只能用圆滑世故来代替明智的决策。

你也会发现那些喜好评判他人的人都很狡猾。你会发现那些改革家们才是需要帮助的人。这也就是为什么他们会采取行动来颠覆这个世界。当某个人受到邪恶的驱使时，他会更容易找别人的茬。也正是这个原因，找你茬的人才真的需要帮助。他指责你，其实是在承认他自身的邪恶。这种人的内心越恶毒，越乐意去指责他的同伴们。

内心的恶毒也来自我们的记忆。年轻时期曾夺去少女贞洁的男人，会担心自己的女儿遭到强奸；年轻时有手淫习惯的男人，才会担忧自己儿子也有这个习惯。指责，是因为对过去感到愧疚。上述年轻时犯过某种错误的人，他们知道什么才是你该做的，并且会第一时间告诉你。得体的人，在了解真相前，肯定会保持安静。

喜欢说长道短的人，对于你提供的改正错误的任何方法，都会说"太危险了、太极端了、不道德"。他们说朱丽叶爱上罗密欧"太危险"；说前国王爱德华关心穷人的福利"太极端"；还说他爱上辛普森夫人"不道德"。他们会这样做，都是因为他们对诚实的感情和直率的勇气心怀畏惧。

卑鄙之人希望你过得不快乐。当你过得快乐、有本事并且过得自由自在时,他们会感到愤怒。他们更喜欢看到命运惩罚你,因为看着你受削弱,会让他们自我膨胀。对于他们那种愚蠢的观点,听上一个小时,你的生活将会毁掉。

你是否注意过,伪君子们都喜欢披上一件美德的外衣?他们对于柔情蜜意和花言巧语了如指掌。无论是在教堂里,还是出了教堂,我都从未见过哪个鬼鬼祟祟的小偷不遵守道德准则。

只要你跟宗教法庭的追随者盲从那些扭曲的教义一般,轻易地接受这种道德的教化,那么你对于充斥于社会的畸形也就能接受了。如果你脑子中存在这类错觉时,你是无法解决问题,也无法摆脱流言蜚语的。

以前人们一直认为接受所处地域和所处时代的道德是我们的义务。具有群体意志的人总是不假思索地相信这一点,或者将自己做出的妥协合理化,认为它是一种"必要"。诚实的人不可能毫不反抗地屈从于外在价值。南太平洋一个岛上的女孩,她的父亲想让她卖身从妓;如果她是那种具有群体意志并且顾全现实的人,那么她很可能就惨遭蹂躏了。那些提倡群体道德标准的人也很可能会劝说这个女孩,让她放任自流,并放弃理想,以免招致麻烦。

而将不适应环境归咎于社会责任而非个体过错的我们,则会劝她与群体的要求抗争，同时，我们还会教她原谅自己的父亲，因为他也只是无知地追随着部族的方式而已。对于不得不逃离家园，并违背环境赋予她的责任，她或许会感到难过；但是她肯定不会因为自己的决定而崩溃。

征服者总是实现着自我满足；克制者总是让自己沦为环境的奴隶。如果我们能毫不怀疑地专注于任务本身，那么我们能高效地解决它们。当迷信开始干预时，我们便只能失败了。支配你生活的是信仰，而非运气。

如果能力意味着能够看清愚蠢并忽略禁忌，那么能力这个问题是非常重要的。只有能够毫不恐惧地发挥智慧时，智慧才能取得胜利，这种毫不恐惧指的是能够做真正的自己。（在《哈姆雷特》中，）波洛涅斯给了雷欧提斯一个巨大的教训，那就是"正像有了白昼才有黑夜一样，对自己忠实，才不会对别人欺诈"。

在任何时刻任何情形下都不需要妥协。认为需要只是你的错觉而已。勇敢地鄙视对本性的扭曲，以及对正常生长的压制，那么你将所向披靡。

婚姻中的困惑

凯特特别喜欢风清气爽的秋日。在这样的一个下午,金黄色的树叶从她身旁飘落,她却飞快地走着,脑子也在飞速地运转,顾不上看上一眼。还是跟芭芭拉聊聊吧,她必须得找个人倾诉一下。皮特简直太迟钝了,从来只看到事情的表象。对他来说,眼泪不过就是泪腺分泌出来的几滴水罢了。

凯特的婚姻危机来得很突然。一直以来,她都努力适应着丈夫的不成熟,习惯着他的注意力不集中和夫妻生活上的无能。自从度完蜜月,他们间的小浪漫就没了。她能接受他对海伦和玛丽的忽视,毕竟,总不能期待一个父亲去懂得两个奇怪而敏感的小女孩。

让她接受不了的是孤独。她想起了自己的少女时代,总是充满了欢歌笑语。那时的她，可以看戏剧，可以发现生活中其他的美，还可以与他人讨论读的书。皮特打趣她"曲高和寡"，每当她想与他聊天的时候，他总要打开收音机听爵士。

芭芭拉的家里充满了欢乐，这让她感觉好了很多。她不想让自己的悲惨故事毁掉这个愉快的下午，虽然在意识到这一点前，她已经迫不及待地把自己的遭遇一股脑讲完了。

"我实在受不了了。"她是这样收尾的。

芭芭拉一边听她讲着，不时插进几句同情的话。后来说道：

"亲爱的凯特，对我来说，这真的不是新闻了。吉姆和我讨论过这个问题，虽然我们从没向外人说起过。人们通常都能知道或者说感觉到朋友的婚姻状况，有些时候他们甚至还知道原因。我知道你讲的都是真的，皮特不成熟，只关注表面的东西。他的生意占据了他的精力，所以回到家的时候，他希望能过得轻松一点。"

"但是他的方式也太愚蠢了吧，"凯特插嘴说道，"他从来不关心我。他抱怨我们的开支，却从来不做预算；当我跟他提到困难时，他却觉得我是在抱怨。"

"然后你们吵闹一番后他就会在外面过上一夜？"芭芭拉问道。

凯特默默地点头："我曾想过他是不是在外面找了个女人，但是看起来不像。"

"可他就是有啊，亲爱的。第三者是肯定存在的。"芭芭拉缓缓答道。

接着，她看着朋友眼中的痛苦，又说道："我刚才说的，并不是真实存在的人。你也曾对你将来要嫁的人有过期待，你希望他能懂你。皮特也想象过自己将来妻子是什么样。当你们结婚后，他娶了一个与他构想的完美伴侣截然不同的女人，所以他现在并没有尝试挽救婚姻，他只不过敷衍塞责地扮演着一个无趣的丈夫。"

"但是，他总是希望我能和他有同样的想法和感受，却从来不考虑我的愿望。"

"他需要考虑吗，凯特？"

"为什么不？难道婚姻不就是这样吗？"

"不，这不是婚姻。我这样说是因为，你似乎总想着把家人捆绑在一起，所以你放弃了与丈夫相抵触的所有兴趣。你总是按照他的方式调整自己，牺牲了你的音乐，放弃了你对音乐的喜爱，还有你那些同样爱好文学的朋友。"

"难道这不是我应该做的吗？皮特觉得它们都很无趣，如果我不这样做的话会不会太自私了？"

"但是你看看现在的结果。结果是你自己也变得无趣了，最糟糕的是皮特也觉得你无聊。曾经他非常爱你，总是为你费尽心思。因为他觉得你很有魅力。但现在，他却满不在乎，并不是因为他有了其他女人（虽然在幻想中有），但是总有一天他会的，因为曾经的你不见了。你的这种自我隐没绝不可能挽救婚姻，相反，它只会毁了它。"

"你是说我应该做自己喜欢的事情？"

"你与皮特订婚的时候不是吗？"

"当然是，为什么不？"

"那个时候他不爱你吗？"

"他很爱我。"

"这不就对了嘛，答案就在这里。你不要试着将自己变成他幻想中的妻子类型。就做回曾经那个充满活力、热爱生活的凯特，看看结果会如何吧。皮特并不像你想象的那么不可救药和枯燥无味。在需要的时候，他还是很风趣的。"

凯特突然抬起眼来，探查着朋友的脸，问道："他和你聊过了？"

"每个男人都会向愿意倾听的女人倾诉。你可以尝试着做回原来的凯特，然后看看他会怎么做。"

大概一个月后，皮特·巴尔内斯像个孩子一样大摇大摆地下了每天上下班都乘坐的地铁。他也不知道为什么，但是最近生活变得更有意思了。他对凯特近期的活动表示了强烈的反对，他们其实已经想不出什么新的办法了。但是凯特竟然独自去参加了！她好像发生了什么变化，但有什么不一样吗？她只不过好似回到了以往的那个自己，回到了大学时期他疯狂喜欢的那个女孩。脸上带着自然的神采，眼睛闪闪发亮，仿佛在诉说着美妙的秘密。最重要的是,她的幽默感也回来了——那冒失的机智,调皮得像只有趣的鹦鹉。一定发生了点什么。

几周后,凯特再次去拜访了芭芭拉。

她大声说道:"亲爱的,你关于婚姻的那些智慧是从你的社会服务工作中得来的吗?我真想把它推荐给所有的妻子。或许如你所说,它是心理学,但是对我来说,它简直是真知灼见。我现在明白为什么你说自身的快乐是维持亲密关系的秘诀了。如果你委曲求全,那么你也不会感到快乐;如果你自己都不快乐,那么你也没办法让对方感到快乐。亲爱的,我再也不要当一个恭顺的女佣人了,像个没精打采的女帮厨一样整天工作然后等着主人归来。偶尔我也会做那些事情,但偶尔也会不做。就算在做那些事情的时候,我是个活生生的家庭主妇,不是一个死气沉沉的妻子。当然,我也并非什么都不干,我会做更多他喜欢的事,因为那样能使我感到满足。"

在婚姻中,只有拒绝自我妥协,并且聪明地克制住自己支配伴侣的行为,这段关系才能得以维持。我们必须温柔地看待我们共同经历过的那些失败,并做出调整;但是这并不意味着,也并非要迫使我们歪曲自己的个性。与其他关系比起来,婚姻更加需要合作,需要实现动态地互相帮助。幸福的婚姻,不允许任何对对方的忽视或者自满。**你做事和说话不能随心所欲**,不能沉溺于自己的世界不与对方交流,也不能放任自己发脾气。你的所作所为必须是为了双方共同的幸福。

在这种状况中,有一个凯特并不了解的原则。我们的性格组成都有自己的节奏,这种节奏如同白天和黑夜一样明确。很多人都无法认识到这一点,因而感到痛苦不已。无论你多爱一个人,你也不可能持续地把注意力集中在她身上;无论你对工作多么着迷,你也不可能只关注成就。你总是会在性欲和动态意识之间摆动。

这种交替是基于生物本性的,也是器官的,同时它也是心理上的。从本质上来说,它对男人和女人的作用完全一样。以前有人说,"爱对男人来说是身外之物,但它却是女人的全部",这完全是胡说八道。只要女人也像男人一样,追求不断变换的兴趣,那么她们的爱也可以和生活完全分开。我们的先辈们将女人禁锢于家庭生活和生儿育女之中,是因为他们希望女人的存在都是为了他们。在这种折磨下,女人变得病态并失去生命。社会制约迫使她们随时待命,却使得她们沦为了毫无生气而且拘谨呆板的生物。

现代男性,如果希望得到现代女性的回应,必须接受这样一个事实,那就是女性的节奏和他们自身的同样重要;而且,并不是当他求爱她便一定得答应,也不是当他忙于工作时她便也专心工作。和他们一样,女性也不可能保持永恒的专注。有亲密的时候,也有迟钝的时候。

要想在这种摇摆不定间达到和谐状态,可以进行一些简单的研究,并运用一些技巧来寻求并存。只要你愿意,你就能找到伴侣的节奏,并告诉自己去适应对方节奏的变化。

如果双方都怀有这样的目标,那么双方肯定能实现节奏上的平衡、关系的和谐,以及动态的延展,从而赋予爱和成就以生气与活力。在婚姻中,自私的艺术表现得最为淋漓尽致。只有保持自己的魅力和兴趣爱好,才能带给伴侣欢乐。

把威士忌放回酒橱

在当了多年记者，然后又做了一段时间旅行销售商之后，尤金终于排除万难进入了广告行业。他天性爱喝酒，但不会喝多。自从结婚后，他老婆汉丽埃塔的阿姨普里西拉就搬来与他们同住了。她是一个固执但却天性敏感的女人。为了让她住得舒服，他们搬去了昂贵的郊区。你曾在一大片荨麻中见过无毛犬吗？尤金是真的非常喜欢枫树庄园。

他们现在的生活方式，使得他不可能再像过去一样去加拿大的森林里面度假。他站在高楼上，想到了这几个星期在大自然的体验。现在，他已经负担不起了。他的梦想是某一天能够拥有自己的大庄园，然后可以过户外生活，但是这个梦想越来越渺茫了。他的辛苦劳动，似乎只是为了生存。

没有人曾关心过他的需求,即便是他的妻子,也没有。难道他给她们的还不够多吗?汉丽埃塔和普里西拉过得很满足啊。她们参加俱乐部的活动,下午打打桥牌,夏天在花园里面乘凉,典型的美国人生活。你也许会想,大家都是这样。

我们要讲的这个故事开始于一个律师办公室。汉丽埃塔去拜访了约翰·克雷奇律师,请他帮她申请分居,她不想再过下去了。她希望尤金能让她分得位于枫树庄园的房子,否则她便要带着孩子们搬去佛罗里达州。如果他愿意分给她一半收入,并给普里西拉阿姨零用钱的话,那么她的日子也能勉强应付下去。你看,这种场景典型吧!人们不会期盼一个像汉丽埃塔这样受过高等教育而且还敏感的女人,能够忍受醉生梦死。不,不,绝不可能。

这个时候,故事突然来了一个大反转。约翰·克雷奇发现自己透过汉丽埃塔的眼睛看不到什么东西,于是他向汉丽埃塔询问,然后发现在她想拥有枫树庄园房子的愿望和为普里西拉阿姨伤感的外表下,隐藏着的是另一个真实的自己。她内心深处,仍然爱着尤金。

约翰决定尽力挽救这段婚姻。为了达到目的,他让汉丽埃塔感受尤金眼中他们的生活;他让像个生病的蜗牛一般依附着他们的普里西拉搬出他们的家;这并不是全部。凭着丰富的阅历,他察觉到了当下局面真正的核心问题:汉丽埃塔性冷淡,她患有"性无能症",在夫妻生活中无法投入;这种女性的注意力很容易被其他人或事物分散，如客人、俱乐部、孩子、邻居、购物以及其他各种她们觉得"必需"的东西。

克雷奇让汉丽埃塔明白，尤金喝酒不仅仅是为了排解烦闷，也是为了寻找夫妻生活不和谐的慰藉。他问汉丽埃塔，她如何看待尤金在工作中承受的巨大压力，以及她是否意识到自己是如何利用尤金来为她提供母性的荣耀的？

他告诉她，没有哪个男人在辛苦打拼数年终于获得成功后，还能在性能力方面维持正常，并且这个时候，男人通常已经太疲惫以至于想不到要去积极主动。他还这样解释道，尤金已经自我压抑了数年之久，需要借助外向奔放的爱和性爱刺激帮助他从自我压抑中解放出来。她必须如同喝完酒一般采取主动，帮助尤金放松，在发生关系时刺激他，否则，便无法帮到尤金。到那个时候，她必须主动承认，是她为了自己和家人的生活向尤金提要求，导致了他如今的状况。

对于后续的讨论我们无须深入了。如果汉丽埃塔仍然和尤金在一起生活，她还是打算继续做他的守护人：帮他打理财产、兑现支票还有控制他的消费。就算他去参加鸡尾酒聚会，她也要像个焦虑的母鸡一般，到处跟随着他。而实际上，她一直都是这样做的。

帮助他宣泄自己的情绪，改变他们的生活方式，搬离枫树庄园，送走普里西拉阿姨，削减开支，制订离尤金的梦想更近的未来计划，最重要的是彻底改变他们的夫妻生活并提高她的敏感度；对汉丽埃塔来说，这些都是生活中一次次不小的挑战。但是，她成功地做到了。

"醉生梦死之后的陶醉最接近于性高潮给人的愉悦，"克雷奇以父亲的口吻这样告诉她，"当亲密关系融合了，那么肮脏的替代物便用不上了。"

当然也存在这样一些情况，当身体对这些状况产生了依赖，那么便需要寻求医疗帮助。腺错乱或许很严重。但是一般来说，要治愈醉酒的问题，必须从改善人与生活的关系开始。人们喝酒是为了逃避妥协，而且他们并不知道，自我放纵起不了任何作用。一时的自我满足最终将摧毁所有令人满意的事物，并带走实现满足的感官所给的一切回应。然而，很多人意识不到这一点，相反，他们却从如下这些东西里面寻找慰藉：

爱唠叨的妻子或者丈夫　　　造成情感伤害的伴侣

多管闲事的亲戚　　　　　　傲慢的同事

家里的坏运气　　　　　　　未解决的问题

性生活失调　　　　　　　　不当的指责

过分的家人　　　　　　　　内心的内疚感

父母的控制　　　　　　　　严重的神经衰弱症

不公的人际关系和工作关系　缺乏有益的交际

丢脸的境遇　　　　　　　　长期孤独

上述所有原因都或多或少起作用,然而要造成前述局面则一个原因就足够了。如果家人和个体能够合作,那么每一个原因都能被克服。让爱唠叨的妻子和丈夫直面他们的习惯;让令人烦恼的亲戚搬走;只要下定决心,肯定能驱走家里的坏运气。当问题的根源解决了,"醉酒"的问题自然会消失不见。

不和谐的性生活

男人犯的最常见的错误之一就是,在性生活方面,觉得自己比妻子更有天赋。很多婚姻的破裂,都是由于这一谬见。男人口口声声宣称自己在需求方面不"自私",简直是无稽之谈。如果婚姻就是指吃饭睡觉,那么夫妻间的性行为就相当于性交易。

一段成功的性关系并不只是为了满足一方的欲望,而应该是双方共同的经历。贪欲会摧毁它所梦寐以求的快感。弗洛伊德将这种自私称为"自慰",这种说法真是恰如其分。另外一方面,任何为了履行"婚姻义务"而对自我的妥协,都是下流的。

男人比女人更具有天赋这种说法也并不正确,事实恰恰相反。只不过女人天性是响应者,而非主动者。当受到刺激后,她们很快便能燃起激情。

你们经常听到男人说自己的"性问题",仿佛这种问题无从解决。他们认为女人"很神秘",女人的方式"很奇怪"。只要怀有这种烦恼,他们便几乎不可能从性行为中享受到快乐了。法国人有一个非常恰当的说法:"**只有无能的男人,没有性冷淡的女人。**"大多数过得不快乐的男人,其问题都在他们自己,在于他们自身的愚钝。

在生活的所有问题中,许多人都认为性满足最难解决;但是,只要富有同情心、能够坚持并运用智慧,那么这个问题其实最容易解决。关于这个话题,有很多好的书籍可以参阅。如果你也有这方面的困扰,可以读读它们;当然只读还不够,你还应该学习它们。但是如果你像参考调整化油器的用法说明一般来运用它们的指导,那么你便不要妄想成功了。对于女性在性爱方面的问题,并不存在某种无可争辩的事实或者某个特别实际的办法。就像找不到更好的刷牙方法一样,你也找不到更好的办法来解决这一问题。

事实上,对于那些无能的丈夫来说,他们的问题在于他们的方法太过随意而且耗费体力。爱情,是需要追求的,需要不断地追求;60岁的人往往比16岁的人更需要追求。除了实实在在温柔而富有同情心的奉献,以及爱好、关注和艺术性地表露之外,并不存在获得永恒爱情的捷径。是的,我说了艺术性地。

艺术并不总是自我的,或许我推荐的那些书在这一点上也会误导你们。尤其是如果你尴尬地或者一板一眼地运用书中给出的方法,那么误导是在所难免了。在那种时候,事情还会变得更为糟糕。不要死板地套用这些方法,而应该将它们内化为自己的经验,去感受它们,使自己与它们融合在一起,让它们成为下意识的模式。不要被动地履行,而要主动地接受它们,直到你俨然成为一个真正的艺术家。

对任何一个丈夫来说,最好的事情都在于对一些典型的性问题(其成因与治疗)有更多的了解。以下便有几例:

埃弗里特又在透过窗子看他的邻居温妮弗雷德,边看还边自说自话。他在和妻子过夫妻生活时也会这样。他觉得自己现在爱的已经不是妻子,而是温妮弗雷德,虽然他几乎不认识这个年轻的女士。她成了他的幻想对象——用以逃避他备受压抑的性欲。

几天后,埃弗里特来到了沃伦医生的办公室,并告诉医生说自己不舒服,腹股沟疼,肚子也难受,还睡不着。他向医生说了自己妻子的神经过敏和烦躁不安,他觉得她就是爱找事儿。医生边听边思考着。很快故事便讲完了,甚至连他对温妮弗雷德的幻想也没漏掉。

沃伦医生认识温妮弗雷德,相对于范妮来说,她在性方面可压抑多了。医生意识到就像情绪不好的人更愿意亲近情绪不好的人一样，性无能的人也更容易选择性冷淡的人作为自己的幻想对象。他告诉埃弗里特这一点，并向他解释为什么他会用一尊大理石雕像来取代自己的妻子。此外，他还教埃弗里特性生活的具体步骤，以及唤起性冲动的技巧，虽然这些在相关书籍中都有具体的描述。

第二个故事开始于凌晨3点。准确地说，托马斯和西奥多拉·康拉德并没有吵架，他们只是在争辩而已。无休止地争论，甚至都可以代替他们的夫妻生活了。他们之间状况的真相，或许连他们自己都要被吓到，那就是双方都没意识到成功的夫妻生活取决于日常生活中的温情。导致女人性冷淡和男人阳痿的罪魁祸首，都是情感伤害；幸福婚姻的最大杀手，就是挑剔、唠叨、责怪和坏脾气。愤怒就像一把利剑，能斩断夫妻间的亲密联系。

当然，婚姻问题很大一部分原因都在于男人。杰拉尔德和霍顿斯·威尔士之间会出现问题，是因为杰拉尔德无法阻止妻子"对家务的关注"。她一心一意整理家务、照顾孩子和她的父亲。杰拉尔德觉得自己仿佛是个附属品。但是他有采取方法改善这一点吗？他那种不恰当的羞怯始终伴随着他，他又能做出什么呢？他的母亲就是这样把他养大的，根本不会谈论到性。

当他人纯粹、纯洁、直截了当时，他都能脸红。但是本质上来说，他却非常渴望爱。他也希望自己拥有胸毛，也希望自己性能力超群。

国内至今还有着清教徒思想的残存。最近，报纸上还刊登了下面这条新闻：

> 内布拉斯加州的报纸上不可能出现"内布拉斯加州的妇女正在为婴儿的出生做准备"这种报道。我们的人民是纯洁的，这种报道可以视为行为不检。

他们的声明并不真实：这种报道在内布拉斯加州恰恰非常多。但是关于道貌岸然，我们还有更好的例子。就如同潜意识压抑容易引起放荡，纯化论者也可能发生不正当关系。放荡不羁和故作正经的根源一样。

如果不能看穿人们内心的真实情况，人们几乎不会意识到，人们在性关系中的表现和他们平时表现出来的往往相反。以霍顿斯为例，她是杰拉尔德的妻子，年轻，而且表面上只关注家务。但是她内心对于贪婪的幻想却让她感到烦恼。她喜欢想象自己生活在史前时代，那个时候人们会很坦白地谈论性。她幻想着自己如同一只勇猛的母狮子一般，穿越原始森林，展现出性感魅惑，她通过这种方式来寻求满足。然而，她在日常生活中的一言一行，却都一本正经。

如果杰拉尔德能够懂得这一点，并且消除自己和对方的过分拘谨，坚持不懈、有技巧而又热切地向妻子表达自己的爱意，过分专注于家务的这一伪装不就能消失了吗？但是，杰拉尔德不敢做得如此暴露。难道他不聪明吗？难道他不应该否定他自己吗？

牺牲，难免显得扫兴而无趣。为了避免面对现实以及失望带来的痛苦，人们都开始注重精神，不再谈论"肉体"，激情逐渐退却。他们看待关于"肉体"的这些问题，就如同站在山顶看着山谷的农民捉猪一般。

这种距离上的遥远，会使得任何一个女人变得性冷淡，因为她无法从性生活中获得快感。很多本来不具有真情实感的女人，往往能受到充满活力的男人的感染。她们的爱常常是反射出来的，得到什么便相应地付出什么，当男人笑的时候她们也笑。如果男人的爱恋足够强烈，那么这种对爱的复制也能激起她们内心的激情。毕竟，冷冰冰的镜子是不会给予人温暖的。

简单来说，如果在这些问题上你还没有接受过良好的教育，那么关于性生活有如下事实可供你学习：

> 成功性爱中最重要的因素在于能温柔而激烈地持续较长时间。
>
> 婚前自慰行为并非是婚姻失败的原因，但是由此引起的愚蠢的内疚会导致婚姻的失败。
>
> 女性得不到同样的满足会导致严重的焦虑，从而影响健康。

女人一直保持被动是不正常的。

醉酒会严重影响性欲；过多酒精会破坏性能力；草率的关系，或者存在长期危机的关系，同样有害。

短期和长期的阳痿都有治疗方法，但是需要你自己去寻找。

性生活中的持久力能够拯救大多数的失败婚姻。

当一个人无私到压抑自己的个性时，这种无私会破坏性生活。

绝对不要向太过于拘泥礼节的人咨询这类问题。

如果你不想进一步破坏双方的关系，那么绝不要因为对方在性方面的能力不足而怪罪或指责对方；相反，你需要关怀和帮助对方。

如果你摧毁了对方的自信，那么他/她是无法纠正这一局面的。

不要因为性欲得不到满足而自以为是，也不要对此闭口不谈；最关键的是保持坦诚，和对方交谈，直到不再犯蠢。

你对自己的感受闭口不谈，却还期待对方懂你，这是不对的。

在与人交谈的时候不要带着优越感。

如果你认为性生活是你的权利，那么你很可能会吃亏；绝不要将配偶视为你的私人财产。

不要害怕女人的眼泪；她们只不过以此来驱走自己的紧张。

如果你试图强行改进性关系，结果很可能适得其反。

记住，人不可能同时受两种情绪的支配；愤怒或者恐惧都可能使性爱落空，这种时候不要试图找原因，那么，爱情便会发生了。

紧张的触觉反应是会增加的，你越想变得敏感，你会越紧张。

只有当男人排除掉其他多余的想法和感觉时，他才可能产生性趣；在这种时候，不要谈论其他的事情；情感上的专注是成功的关键。

一半的性功能障碍都可以从婚前父母对彼此的影响中找到原因；尝试在性生活之外的时间，来一场充满温情的谈话来帮助对方消除障碍。

如果你因为你的激情而感到难为情，那么你是在禁锢它；恨不得当个"妓女"却表现得像个圣母是很糟糕的，就像明明是个好色之徒，却要假装圣人一样。

你在日常生活中付出越多温情，那么在亲密关系中你将收获越多回报。

男人在真正成熟前，是不可能成为一个永久情人的；其中，情感的成熟是关键；在情感成熟这个问题上，男人往往需要女人的帮助，而通常他们非常自负，拒绝寻求此类帮助；自己做了蠢事，还要因此而责怪妻子。

每个愚钝的丈夫都会有一个冷淡的妻子；即便是说话的语气，也能展现出你的吸引力；只要磁力够强，再冰冷的钢铁也无处可逃；古人练习使用麝香和香料，并重视自己的着装；即便你不愿花时间获取好的名声，也请一定不要声名狼藉。

在亲密关系中，如果你学不会用眼睛说话，那么你将永远无法成功交流。

情感的表露也必须囊括对敏感带的爱抚，否则情感是无法成功传递的。

女人的欲望是有周期性的；男人得了解周期，并学会如何唤醒女人的欲望。

接吻的技巧不少于做一幅画；缺乏技巧会显得很白痴。

无论你谈论过多少次这些话题，记得仍要保留一点神秘的氛围，并注意你聊天的对象是谁；在人群中随意地谈论性与滥交一样，都无益于保持你的魅力。

如果你不能保持浪漫情怀，那么你也无法维持性感。

夫妻生活的目的在于表明夫妻之间的情谊，而不是繁衍后代；自然只不过是因利乘便罢了。

关于性交方式、运动、体位和持续时间，你必须掌握多种不同的具体的点，这些你都可以从医书中找到；但是你必须活学活用，否则书本上的知识起不到任何作用；做一个有趣的性交对象和令人满意的性伴侣，是使婚姻持续的唯一方法；只顾完成丈夫和妻子的职责，会破坏浪漫和性爱的快感。

性是一种基本需求；拒绝性行为会使人沦为社会的负担，而不恰当的性行为将给他人造成伤害。

性是一种互动关系；不要将其视为一种贪婪的行为，在这个问题上的傲慢是对对方的一种侮辱。

最重要的是，要记住你白天的行为会决定亲密行为能否成功；如果你粗鲁、淡漠、无礼而刻薄地视对方为奴隶，那么在性行为中，你不可能得到回应。

如果你对陌生人比对伴侣更礼貌周到，那么很可能你最爱的人是你自己，其次重视陌生人的意见，而且也许你根本不爱你的伴侣。

无论如何你都要记住，追求成功的性适应并不等于淫乱，无论你的伴侣多么羞怯，这都是你的基本权利。

如何预防自杀？

如果你与自己的生命的联系都是通过他人建立，那么这种联系会受到所有人性弱点的威胁；如果你最基本的关系是社交性的，那么团体的每一个动向，以及发生在你身上的一切，都将使你无法忍受。人只有与自然客体、地球上的事物、动物与树以及矿产和结构做基本接触，才可能感到安全。

这样的人，才会拥有不受人威胁的力量。当化学家、工程师、植物学家还有探险家们与生命中这些最重要的事物之间建立起真正的联系时，即便困难降临，他们也不会自杀。避免自杀最重要的一步就是"回归自然"；带着现代的智慧去洞悉这个实实在在的世界。

如果没有建立起这种基本的联系，那么每一种人生价值都将受到威胁。想象弗兰克·杜拉尔的人生悲剧吧。他是证券交易所的一名经纪人，而正是这份工作要了他的命。他在遗书里说，自杀是因为工作上的麻烦；他用押金购买，结果全赔了；不得不卖掉自己的游艇和豪宅。人们都说他是市场的受害者。但是真的是这样吗？那么为什么并不是每一个经历金融动荡的人都自杀了呢？

　　一般的经纪人（broker）会戏谑地告诉你，他们这种职业名字起得真好；在他的职业生涯中，怎么也得"破产"（broke）个好多次。但是他从来不会感到绝望，因为他本来就没有奢望"赚回来"。研究表明，在自杀的人群中，只有很小一部分人是因为经济的缘故；其真正根源，在于个人调节不当。

　　当杜拉尔还是个孩子的时候，他就容易感到紧张或者兴奋。他的母亲对他非常纵容，以至于他对自己的判断过分自信。他聪明伶俐，这一点无可否认；但是聪明是一回事，而谨慎的思考则是另一回事。杜拉尔总是感情用事，脑子转得很快，然后冲动地做决定。在 22 年的工作经历中，他一直处于疯狂的状态：疯狂地买进、疯狂地出售、疯狂地花钱然后疯狂地享乐。

　　在他眼中，只有金钱是真实的；大自然的美好，艺术的神奇，还有音乐的高雅，通通可以忽略。他没时间读书，他用买单来满足妻子的需求。如果有人说他身体出了问题，他肯定第一个站出来反对,因为在他看来,生病就是指肚子痛和重感冒。

只要市场形势好,他就会赚;然而形势糟糕的时候,生活便会零零散散;什么都不重要了。他感到非常无力,还带着一丝丝苦笑。根本不值得再花精力去赚回财富和地位,但是没有了财富和地位,他就真的什么都没有了。经历让生活变得真实而鲜明。你想知道他放弃努力了吗?

可是,他对生活,抑或对社会产生了厌倦?难道天空、阳光还有雨滴都如此糟糕?难道在他看来,除了接受命运的安排,按照命中注定的方式生活并接受环境和社会的局限以外,冒险从事他那项充满戏剧性的职业如此不快乐?

如果能少接一些业务,降低婚姻中的需求,减少购物的欲望及其他愚蠢的想法,摆脱那些不实在的束缚,他还会觉得如此艰难吗?他为什么感到沮丧?如果他能大胆地走进生活,愉悦地放弃他至今还有的那些疯狂的格言和愚蠢的习性,那么他还会想要毁掉自己吗?

他把自己压抑在消极的环境中,为了承担一些不真实的职责而用责任束缚住自己,心灵因为受到禁锢而极度愤怒。自杀是抑郁症的一种极端形态,是由于对生活不满而产生的愤怒,它们往往会引起情绪的沮丧,因此我们在自杀中可以找到报复的心理因素。他们希望惩罚这个世界,以及那些令他感到不舒服却还不得不结交的人。

其次，自杀这种行为也是为了自我的满足。自杀的人发泄不快的方式如同小孩发脾气；他们怀着一种疯狂的信念，即他们必须毁灭自我，否则便是一种妥协；他们选择了结束自己的生命，而非自由。

这种情绪混乱也会引起身体的不适和疾病，血液中毒，甚至有机组织的麻痹状态；尤其需要注意内分泌系统紊乱和脑下垂体。在面对这类情况时，聪明地选择精神疗法很可能是一次出色的"营救"。

在病况中，精神紧张的习惯也很明显。人们自杀前常常会背负一段时间的压力，我们可以视其为短暂的疯狂；这种紧张会不断增加，直至在大脑中凝结一段时间。如果感到痛苦的这个人懂得如何放松，那么一段时间之后，这种冲动便会消失。

在导致死亡的所有因素中，神经质的情绪化是最重要的方面；对生活的无望，以及性欲得不到满足也会起促进作用。然而，它们都掩藏在经济崩溃或者对客观体验的失望等表面解释背后，人们常常将悲剧结局归咎于后二者。

试图自杀的人应该想想自己如何受到下述因素误导的：

可治愈的隐疾；

导致人体不适和沮丧的腺失衡；

总会过去的精神紧张；

能克服的神经官能症状；

会改变的经济状况；

道德错误引起的理智混乱；

太过物质导致的精神抑郁。

没人能够逃脱宇宙法则的制约。每个人都总会在某时某地获得成功，不如现在就放手一搏。

抑郁的人需要一点心灵高位灌肠法来帮助他们消除如下心理因素：

暗藏的报复动机；

幻想出来的职责；

隐藏的厌倦情绪；

痛苦失望的态度；

无缘无故的内疚；

青春期时死亡的愿望；

不必要的习惯性担心。

无论如何，当你觉得生命"无法继续"时，你要知道你只是在说在当下的人际关系和环境中无法继续（但你意识不到）。这种时候，去度个假吧，不要结束你的生命。到一个全新的环境，远离所有的压力；你可以试试去塔希提岛，或者萨摩亚。与简单的人交朋友，学着与"充满野性的人们"一起玩耍。大自然会告诉那些有自杀意图的人，他有权获得快乐，他应该拥有幸福。

记住 R. L. 史蒂文森曾说过的话吧：

不论肩上的担子如何沉重，总能负担到日暮时分；不论工作如何艰辛，总可以支撑着做一整天；每个人都可以惬意、坚强、仁慈而纯粹地生活，直至夕阳西下。而这些，就是生活真正的意义。

心烦意乱

如果你问我为什么我们如此肯定地说对自私的恐惧会使我们的生活大打折扣，为什么我坚持认为摆脱这种愚蠢的行为是解决我们生活中大多数问题的关键，那么我会告诉你，我们会得出这样的结论，不仅因为我们听说了上千个生活故事，还因为我们运用了**测试方法**。下面让我解释给你看。

很多人都认为生活中的麻烦与我们的精神生活无关。因为在他们看来，一个人的心情不会影响他们问题的解决。钱是经济问题，生意是贸易关系问题，家庭的幸福则取决于衣食住；就是这样。任何头脑正常的人都不会否认这一点。但是这种物质主义的推理忽视了人的心情对管理衣食住，以及对他如何处理家事和金钱的影响，因此这个核心问题遭到了误解。

你如何面对生活体现出你是怎样的人，是思考者还是行动者。任何会挫伤你士气的因素，都一定会削弱你的力量。大多数我们认为客观的问题，从本质上来看都主观而且涉及个人。我们最大的问题在于我们自己。或者换句话说：我们只有先除去自己眼中的梁木，才能除去我们生命中的刺。①

近来，已经有上千处于烦躁不安中的人向心理医生寻求帮助。我们来看一段如今咨询中典型的对话。

高尔特先生情绪非常低落，他说："我一点也不快乐，我总是提心吊胆，感到很疲劳，而且我睡眠也不好，不过医生说我身体没什么问题。不知道你们能不能帮我摆脱我妻子和孩子们给我的压力。我在家几乎无法休息。"

"这种情况持续多长时间了？"心理医生问。

"呃，自从我结婚以来。"高尔特答道。

令高尔特吃惊的是，心理医生并没有询问他的家庭，反而给了他一张打印的试卷，让他仔细阅读每个单词，并让他在使他烦恼、焦虑或者恐惧的事项下面画线，分别指出其程度是微弱、较强、强烈、非常强烈还是极度痛苦。试卷完成后，高尔特把它交给心理医生，发现对方对标为"极度"的词语最为关注。

令高尔特先生感到痛苦的事项有：恐惧、自私、罪恶、家

---

① 此句与《圣经·马太福音》中的一句话有关："为什么看见你弟兄眼中有刺，却不想自己眼中有梁木呢？"

庭、死亡、内疚、梦想、夜晚、未来、人、失败、贫穷、遗憾、自杀、丢脸、回忆、犯错、脆弱、沮丧、孤独、紧张、不确定性、无助和挫折。几分钟后，心理医生转向高尔特，他说：

"首先，我们应该从头看一下这张列表，它写出了涉及不同种类问题的词汇。譬如说，有些词汇表明了你关于金钱、搭档、你妻子的性格、邻居或者朋友等方面的焦虑，你在这些词汇下面画了线，它可以反映出你在社交场合的尴尬，也能记录你性生活的不和谐，甚至还能反映出你的酗酒问题。

相反，关于你在自私、内疚和死亡方面的选项，反映出你安全感缺乏、充满不确定感以及无助感；你对未来有着明显的焦虑，你甚至对自杀感到害怕。这表明你真正的问题不在于家庭生活给你的压力，而在于你自己。人们责怪现状的混乱，是因为目前的状态困扰着他们的内心生活。"

因此我们可以看出，高尔特的内心远比他真正的生活失调。他给出否定回答的词汇只是一些暗示，是克服他自我恐惧的钥匙。

同时，它也表明高尔特无法忍受玫瑰花的香味。只要他进入到弥漫着玫瑰香味的房间，他就会颤抖；在舞会上，只要他接触到玫瑰花粉或者玫瑰味香水，他的脸色就会变得苍白；直到这次咨询时做了回顾性分析，他才明白这种无辜的花散发出的香味所引起的情感。

细读他的病历,在妈妈接受手术前,当时还是个小男孩的高尔特被带到了医院去看望妈妈。在她旁边的桌子上,插着一瓶芬芳的玫瑰。他非常爱他的妈妈,虽然他们的关系一度很糟糕。在她长期患病的过程中,只要他发出一点杂音,他的阿姨就会说他"自私"。没有人帮助这个小家伙来发泄他的精力,他听到的就只有"自私的坏男孩"。后来,他的妈妈死于麻醉剂。他觉得自己是害死妈妈的凶手,感到很内疚。玫瑰自此与这道隐秘的伤口联系在了一起,象征着他曾经的遭遇。

这种心灵扭曲会歪曲我们与生活的自然联系。成千上万内心背负着过往伤害的人,正在与困难抗争。解决他们问题的关键,在于让他们最终摆脱不公正的职责并获得自由。被人说"自私",比生活中其他任何破坏导致的失败都多。

在众多徒劳无益的做法中,最为有效的莫过于"**自由联想**"。这种方法表明,压抑的愤怒最令人无法抵御;它也揭露出被我们称为日常经验表面遮掩下汹涌骚动的中心点。

海伦·休伊特正打算采纳这一方法。她整天都坐在阴暗的地方,眼睛追循着天际边飞翔的鸟儿,不时还茫然地瞥一眼眼前的纸,手里的铅笔还潦草地写画着;她正试着让单词自己蹦出来,就像作曲家遵循着旋律的灵感一样。这是她写的:鸟儿、牢笼、监狱、家庭、鸟嘴、鸟儿、母亲、鼻骨、愤怒、厌恶、可怕的、西部、门、光、地平线、安全、寂寞、亨利、死亡、离去、空、生命、诅咒、母亲。噢,天呐!

我们还需要进一步探究导致这个女孩生活失败的惨痛的经历吗？根据这些词汇及其排序，难道我们还看不出来吗？她与心爱的亨利遭到那位带着浓重鼻音、说话尖刻的母亲拆散，亨利被送去了西部，后来生病去世，她的生活变得空落落，只剩下："海伦，快来啊。该去主日学校啦！琼斯太太很快会开着她那辆福特到门口，穿那件带着波点的灰色裙子，这样才合适。"

杀人犯如此之少，这不令人感到震惊吗？完全不看过往情感状态对我们生活的影响，并且不根据此时此刻的状况塑造我们的行为和思想，就直接对眼下的结果做出评判，这不是更令人讶异吗？

是生活舍弃了海伦吗？还是因为她对自我以及对道德错误的恐惧使得她禁锢了自然冲动，从而造成她生活的失败？要不是不敢违背那些自以为神圣的愚蠢之人所说的责任，难道她不可以与亨利快乐地生活在一起吗？如果她与生活的关系按其原本的样子发展，她不是会嫁给亨利吗？难道她根本没看到过往经历导致的心态扭曲，从而使得如今的生活如此艰难？难道她的行为不代表她现在的想法吗？她的生活被毁，难道不是由于她不敢与亨利结婚而背负道德指责？

在这个简单的联想过程中，其他词汇测试也能揭露我们神经方面的缺陷。其中句子联想法非常具有启发作用。参与的人被要求待在一个安静的房间，保持放松，盯着眼前的空白，让自己进入主观的冥想状态,并简单地记下自己内心的声音。这些写出来的东西看似是一堆乱七八糟的无关想法,未经刻意的控制,但是它们呈现出来的却是一些能揭露人内心的话语和重要的句子。

本·安德鲁是一个50岁的男人,正处于痛苦的男性更年期,情绪不稳定,常常得不到理解。他坐在窗边,旁边桌上点着的蜡烛忽隐忽现。已经深更半夜了,透过树林,传来新刈青草的芳香。屋外一片漆黑,但是到处都能听到沙沙的声响并感受到焦躁不安。

他笔下的字迹几乎无法辨认,一个连一个,句子仿佛都是被挤出来的。"我的生活就如同这夜晚:无法安宁,内心总是在流浪,我却停不下来。太黑了,这种黑暗持续太久了——银行——时间——在银行的那些时间——就像在墓穴一样——地狱的洞穴——黑暗——只有回声陪着我。生活捉弄了我,生活一直在嘲弄我。爱?呸!让我与那些爬行的虫子和田间的牲畜们躺在一起吧。八点半,弗兰德餐厅的餐桌。茱莉亚!臭虫!"

明天又是新的一天,这也就意味着他要经历一些新的挑战,过去,他从中心搬去了其他地方;错误的家庭、错误的学校、错误的朋友、错误的工作、错误的婚姻;现在负担着两个愚蠢的儿子还有一个不懂礼仪的妻子,再无其他东西。这种日子怎么能让他不伤感?

那么他为什么还要维持原样呢？为什么他担忧着现在的事实，却不去找出导致这些事实发生的原因呢？因为他不敢自私，他内心受到许多消极影像的困扰，并且因为那些不正常的态度而遭到扭曲。

神经官能症是一种病态的妥协。自我害怕其自身的完整性，是郁闷且难以控制的。但是，表现出来的行为永远是以自我为中心，总会从各种方面违背"拒绝自我满足"这一法则。

困境之惑

亨利·哈丁不知道怎么办了。当然，他可以选择辞职，很多公司都会雇用他；他知道很多现在所在公司花费数年完善的珍贵配方，为了这些信息竞争企业肯定愿意花价钱。

但是他有权带走这些财富吗，即便他只是将它们记在脑中？这样做光彩吗？毕竟，上司是因为信任他的忠诚，所以才会让他知道那些珍贵的秘密。然而，他怎么能做到为竞争企业工作并忘记他所知道的信息？他肯定做不到。再说，新雇主肯定会让他循着自己的记忆改进制造工艺，他怎么才能做到对新雇主公平呢？但是现在的公司对他就公平了吗？他们让自己和家人穿越整个国家来到这里，却并没有为他的离开付出相应的工资。他不得不卖掉自己的房子。这难道就合适了吗？

亨利整晚都没睡着，周而复始地考虑着自己的困境。

在现代科学中，这种矛盾并不少见。我们将导致这种矛盾的心理状态称为"矛盾心理"，它反映出理智与情感之间的冲突。从理智上来说，哈丁明白洲际燃料公司完全有权利派他去加利福尼亚，事实上自从他第一次被录用签约的时候，他就已经同意了这一点；他也知道这次调整本质上来说是升迁。

理智而言他理解并能接受。但是让他为难的是另一个问题。自从他结婚以来，从来没有远离过他的母亲。不过他不愿意承认这一点。毕竟，他是一个背负着家庭的成熟男人，让他面对自己被情感所左右是不可能的；他也不会承认自己的胆小，还有他对熟悉的家庭氛围和朋友的依赖。

自我怀疑的人常常优柔寡断，这种性格就像一个调停者。他们可以在经过一番看似强大的努力后推理出，令他们心烦意乱的事物让他们感到恐惧，但其实这些事物什么都没做。哈丁在前一分钟还说"不，我不能去"，可是很快他又说"但是我肯定必须得去啊"。于是，他决定要去。

让我想象一下第二天，这个疲惫的男人向专门处理这类问题的顾问寻求帮助，这位专家会如何做？我们能不能想象他采用了一种称为"手钻技术"（苏格拉底问答法的一种现代形式）的方法，向哈丁提问以便帮他找出困境的原因？我们应该可以想到两幅清晰的画面：

A. 这个年轻的工程师获得了一次意料之中的晋升，并且这次机会能让他在事业方面取得较大进展，但是这次机会却让他的妻子和孩子感到为难。

B. 单纯因为个人原因及其他某些神经质的原因，他从情感上放弃了这次调整，而他的心里却因为这种情感主义而笼上了一层阴影，变得忧郁起来。

这个顾问会说："你受到20多种心理障碍的影响，我把它们列出来。第一个是'先入为主'，这是一个技术术语，指你已经形成的一系列观点使你无法保持理性。当你还是个小男孩儿的时候，关于你未来的生活方式和工作，你就已经形成了自己的观念，其中就包含了你不会远离你的父母。第二个，你因为我们所说的'混合'而感到内疚。就其本身而言，你对去西部这件事不感兴趣。但是你将它与你思乡之情混为一谈了。每当你尝试着想一些实际措施时，一种被称为'无意识转换'的行为就会将你的注意力转移到孤独感还有远离朋友和家庭氛围的恐惧中去。

你已经形成了一系列的'激励中心'，它们就像你脑子中的小型速记磁盘。当你的思维尝试工作时，它们就会开始运转。如果我花时间绘制一幅关于你重复的心理过程的图表，那么在显示你开始抗拒（就是上司让你与父母分开时你内心的愤怒）的点，你就能看出你结论中的平均误差。我并不想显得太专业和深奥，但是你是一个工程师，我希望能使你相信，分析心理问题能够做到与工程工艺同样精确和明白。

在我们的谈话中,你从没将我们所说的隐性事实和显性事实分开,前者蕴含在你的情绪困扰中,后者则表现为处境本身。你也没有想方法打断自己的循环思维,或者思考其核心是什么。还有一个明摆着的事实你没提到。"

"什么事实?"哈丁生气地问道。

"你得挣钱养家。"顾问的回答很简略。

"但是我能找到很多其他工作。"哈丁这样反驳。

"能吗?"顾问抬了抬眉毛,"我对此很怀疑。每个对手公司都会好奇你为什么离开得如此突然。就算他们雇了你,那也不会是因为你本身,而是为了你知晓的秘密。这一点你应该知道。还有你的心境能安宁吗?我觉得你是一个讲良心的人。你知道之前的公司懂得你为什么突然找到了其他工作,你不会觉得自己像个骗子吗?"

"你说得对,"哈丁低声说着,"不,我不能那样做,那样我会下地狱的。"

"我也觉得。现在,不要再去重复之前的想法了,坚持想这个中心点:去工作还是不去工作,这才是问题。至少这是你需要考虑的问题,如果你希望拿到和现在同样的工资。"

"你的意思是,对我而言,情感上的吸引力不如我的工作重要?"工程师先生询问。

"嗯?难道不是吗?你妻子和孩子们都想去,你的父母不会因为你终于'断奶'了而死去;去西部,是成长过程的一部分。"

"你又说对了,"哈丁回答着,然后高声说,"我去。"

我们谈到自己的问题时,总觉得主要都是经济的原因。事实上,精神贫穷比经济贫穷对我们生活的破坏性更大。即便我们害怕贫穷,但是真正使我们痛苦的却是自己的不知足。直到去看心理医生前,哈丁都在不断地说自己的问题,并因此掩盖了自身的不诚实。他表现出了容易紧张的人们都有的急躁的性格。他的恐惧导致了他性格的狭隘,仿佛他被塞入两种不同的个性:一种拒绝面对现实,另一种就像一个坐而论道的批评家,让他因为自己的恐惧而感到羞愧。由于无力掌控现实,他认为自己掉进了深不可测的圈套之中。

有些人知道他很胆小,觉得他就是内心挣扎的人。即便是他的妻子也这样认为,并以同样的态度对待他。在某种程度上,她与他很像;由于背负的东西太多,使得她难以解决生活中的困难。她觉得自己受到了排斥,变得麻木不仁。只有在因为怀疑和忸怩导致她无法应付生活的时候,她才会感到孤独。

在阻碍人们战胜困难的所有因素中,生活过程中的情感介入是最难对付的。因为它会分散我们的精力,并让我们疲惫不堪。数据表明,许多工业事故的原因就在于内心的焦虑。在家里,紧张会使得你妻子把冰激凌洒出来,在你点烟的时候烧到你的裤子;在思维上,你再也不会想到心理医生常说的"均衡因子"。

每当你处于这样的状态，并且已经尽力做了自己能做的一切之后，他人就会建议你把问题放到一边，先放松一下，看看小说，看看电影，玩玩扑克，与人聊聊天。但是如果你在做这些的时候满脑子都还想着你的问题，那么这种劝告有什么用？

有些人能够保持超然的心态，面对压力时，将自己从中解放出来，站在旁观者的立场来思考他们的问题，远远地看着，亲眼看清事情的本质。当你因过度操劳而病倒，或许你还在因为公事烦恼不安，而现实问题其实在于你疲惫的思考。带着烦恼上床的人，绝不可能摆脱压力。

当一个人下定决心要征服心灵的苦恼时，会发生一个重大的变化。那就是，这个聪明的人再也不会否认生活中无可动摇的事实，而只会承认自身的混乱。

在分析人类经验时，这两个因素的关系中还存在一个令人困惑的点。是什么导致了我们的麻烦——神经质的内在因素还是糟糕的外部环境？然而，答案却是**两者都不是**。在这里存在一个明显的矛盾，它能颠覆民族的哲学，并使得对这些经验的研究变得困难。即，将责任都推给个人的异常，会延误对社会邪恶的评估；而着重于环境的错误，则会导致对于神经质状态的误解。要保持清醒，在于看清困境中二者分别扮演的角色。

当出现问题时，我们对命运进行着摸索，然而，命运本身也充斥着大量糟糕的状况。而且，我们的精神状态能抑制我们征服困难的能力，其形成根源在于更艰难年间境况的破坏性。

明显的窘境就如同小鸡和鸡蛋,唯一的不同只不过在于我们知道谁先谁后。如果社会能得到智能的组织,家庭生活能避免道德沦丧,那么精神创伤将会减少。

然而,一旦某种异常行为得以形成,我们与自然的关系将会难处数倍。即便是在最佳的环境中,适应也会变得困难。正是由于这个原因,像哈丁这种自幼年时期便将自己与家庭绑在一起的人,才会将升职视为威胁,而不是胜利。

换言之,在神经质镜像的破坏下,人无法看清他所面临的问题,而是用扭曲的不成熟的目光看待它们。正是因为亨利·哈丁从寄生的依赖中找到了自我的满足,所以他的思维才会妥协。

为什么生活如此艰难？

很荣幸能在本书中做出这些结论，它们的得出是基于对1000位男男女女所遭遇难题的研究。这些人就是如你我一般为生活压力而费神的常人。他们中的很多人都过得不快乐，就像你的丈夫、你的妻子、你的婆婆或者岳母一样。他们的问题也很常见，表现出来的恐惧和焦虑亦算正常。

根据我们对这些实例的记录，我们可以看出婚姻问题、对人群的恐惧、财务问题、忧郁症、孤独、愤世嫉俗还有对生活的怀疑。所有这些问题，可以和自我放纵、抵触、自怨自艾、性生活混乱、职业适应不良还有疲劳等问题一起，集中出现于某一个案例中。问题的出现可以是因为兄弟姐妹，因为婆婆岳母，因为错误的合作伙伴，因为愚蠢的老板或者其他随之而来的状况；也可以是由于吃错东西，睡眠不足，腺体分泌不足，或者其他诸多早起条件因素的影响。

认识到这些因素的存在及其相互作用是实用心理学的关键。有经验的顾问会力图弄清楚这些数据的真正含义。如果它表明的是个体在面对困难时对"自我"的严重误解，那么顾问能做的便只有记录下这一事实。（在记录时，）他不能随意编造，也不会记录常见的纯客观问题。

向心理医生寻求帮助的原因（来自上述1000个案例）：

1. 孤独、自我中心、自我关注：849次。
2. 环境问题、财务问题、经济无保障：827次。
3. 自我放纵、享乐主义、需求与欲望的冲突：621次。
4. 厌倦、唯心主义、机械呆板、愤世嫉俗：582次。
5. 懒散、依赖他人、偶尔"酗酒"：527次。
6. 伦理不确定性、财政困难、焦虑：482次。
7. 神经紧张、因承担责任而过度疲劳：462次。
8. 忸怩、尴尬、不知足、太看重他人的看法：428次。
9. 病态、喜欢做出牺牲、自怨自艾、指责他人：412次。
10. 性障碍、性欲失调、作风随便：396次。
11. 气馁、心理闭塞、失望、无法取得成就而感到痛苦：384次。

12. 矛盾情绪、不确定性、因优柔寡断而担忧：383次。

13. 情感不成熟、恋母情结、不独立：357次。

14. 刻板老套、过于死板、良心的困惑：352次。

15. 误解、过于敏感、会因他人指责受到伤害：342次。

16. 抑郁、明显的压抑、缺乏生气而且不快乐：319次。

17. 核心情结、暗地恋家、不适应生活：316次。

18. 过度适应、犹豫不决、在交往中漫无目的：303次。

19. 懊悔、沮丧、忧郁、无法摆脱自责：271次。

20. 过于世故、徒劳、兴趣缺乏：271次。

21. 无形的恐惧、焦虑、常常烦恼：245次。

22. 婚姻问题、喜怒无常：243次。

23. 注意力分散、分裂、精力无法集中：219次。

24. 家庭条件、父母问题、子女问题：214次。

25. 职业问题、工作性质的困扰：210次。

26. 社会问题、对人类进步的困惑：197次。

27. 情感问题、情感不成熟、对恋爱的焦虑：187次。

28. 不适应、逆反、与人交往困难：174次。

29. 神经衰弱、内心混乱、为健康担忧：138次。

30. 商业压力、神经性疲劳、日常困难：136次。

31. 精神上的紧张、心神不定、恐惧症、害怕危险：126次。

32. 难以忍受的母亲、占有欲、父母造成的困扰：124次。

33. 冲动、强迫性冲动、不满足感、关于行为的困扰：123次。

34. 仇恨文明、对传统限制因素的争议：106次。

35. 人生无意义、怀疑不朽、害怕死亡：102次。

36. 情感不成熟、恋父情结、不敢独立：94次。

37. 忧郁症、幻想出现健康问题：88次。

38. 害怕男人或者憎恨男人，男子恐惧症、敌视异性：79次。

39. 反感、疏离、优越感、对地位的担忧：76次。

40. 与婆婆或者岳母间的问题、代偿性、反感配偶的父母：75次。

41. 自杀性冲动、愤世嫉俗、充满报复欲：72次。

42. 吹毛求疵、完美主义、因内心的欲望而内疲：68次。

43. 害怕女人或者憎恨女人、恐女症、反感异性：68次。

44. 宗教问题、对上帝的困惑：52 次。

45. 专横的父亲、男性的傲慢、父母造成的困扰：34 次。

46. 同性恋、性别隔离的困扰：26 次。

47. 商业问题、憎恨、伤害：14 次。

48. 与公公或者岳父间的问题、代偿性、父母造成的困扰：12 次。

49. 失职、喜怒无常、害怕惩罚：9 次。

50. 愚蠢、亚常态（痴呆患者）、没心没肺：8 次。

我们说大多数人拥有不止一个问题，这一点在这份记录中得到了很好的印证。一种状况的发生就能够占据一个人的精力，但是一般来说，每个人需要同时面对的是很多问题，这些问题都是一些具体而又奇怪的问题。

沃德·埃文斯情感上感到自卑，神经衰弱，还面临着经济困难；他的哥哥总表现出一种优越感，而且婚姻状况糟糕，还感到忧郁；米莉·布兰代斯觉得自己智力不如他人，却还任性冲动，以至于找不到工作；她的弟弟弗兰克有恋母情结，现在变成了同性恋，职业也不确定；而弗兰克的两个朋友喝酒上瘾，并且其中一个是女大学生，她还有自杀倾向。

与实验室研究所做出的学术报告不同，这些实例并非任意选取。它们都来自于临床实践，因此能够代表人们的日常生活。由于这份研究是基于实践经验，因此数据的收集不可能做到如同在实验室研究中经过控制的调查那么精确。

这份列表让人印象深刻的是,人们竟然对于人际关系怀有如此深切的担忧。这 1000 个人中,几乎一半的人觉得自己不如他人;超过三分之一的人觉得自己受到了同事的误解和不公正对待;几乎也有相同数量的人觉得很气馁,对性生活感到厌烦,并失去了爱人的兴趣;84%的人觉得心中最大的痛苦就是孤独。人们心中有着如此多的不满,很多人都过得不幸福也就不足为奇了。

根据统计,这些人中有 62%在婴儿时期娇生惯养,以至于自我放纵成为他们的主要性格特点,从中我们可以看出一些端倪。他们还希望从环境中找到吃奶时期的那种待遇。精神分析医师们认为神经质状态中最重要的因素在于核心情结,也就是家庭和与父母的关系,这种说法并没有太大的问题;柏格森对这种关系的强调也并没有错。

这份列表还显示出懒散占据着较高的比例,表明人们并没有足够的争取爱的冲动。在这里我们给出了许多成年人所存在的问题的原因,那就是由于懦弱纵容型的父母培养了他们的寄生状态。

心理分析学家或许会提出反对意见,因为关于性、婚姻和情感问题的数量都不多。他们会认为,由于没有应用到弗洛伊德的一种方法,所以还有更多问题有待发现,因此,还有许多关于情色的因素尚待揭露。但是当你将所有关于爱、性、家庭和婚姻问题的比例相加，那么比例总和远超其他问题。

这 1000 个人里被证实的心理问题多达 12230 个，平均每个人身上表现出的心理问题超过 12 种。因此有些人只会表现出四到五种问题，而有些人则多达十八到二十种。神经质的表现包括过多的想法，大堆的不满，以及惯常的迷信。只要环境让我们感到不快，我们的这些想法就会冒出来。

因此，我们成年后遇到的大多问题似乎更多是因为我们自身，而不是因为生活。在幼年时期，我们是环境、"母爱"以及父亲的各种陈词滥调的受害者；当大人自私地（这种自私并没有什么不对）打了我们的屁股然后打发我们去睡觉时，除了忍受我们别无选择。这种致命的感觉，即便我们已经对社会秩序更加适应，仍然是导致我们现在悲观心理的原因。

在这 1000 个人中，超过 90% 的人觉得自己的生活受到了限制；而少数不受家庭束缚，也不受结婚与否影响（因为结婚了或者没结婚而感到不开心）的人，又大多觉得周围的人很无趣，生活中没什么开心的事；有些人对生活缺乏信心，虽然他们也承认自己渴望拥有完美的幸福，但是他们却愤世嫉俗并感到难过；许多人对忠诚的问题持怀疑的态度；大多数人都明确地知道生活中自己讨厌的事物，但是只有少数人能列出自己喜爱的东西。

根据这份数据，竟然有如此多的人都有神经方面的问题，实在令人吃惊。我们大多数烦恼的存在，都是因为我们的妥协。外部环境或许给我们造成了麻烦,但是我们会成为受害者,其原因仍在于我们自身的心境。

归根结底,这1000个人所遇到的麻烦是由于他们自我妥协所造成的个人混乱,也是一种迷茫的焦虑,表现为愚蠢的自我满足。他们不去攻克经验,也不去克服困难,相反,他们不愿合作,好斗,而又不服从管教,认为命运是注定的。不懂互助,运气也不会眷顾他们;不幸,源自我们的"日积月累"。

不要再认为我们的丈夫、妻子、父母、子女、同事或者邻居造成了我们生活中的困难,放弃这种谬见,你将受益无穷。

如何终结悲伤？

我们很少为了实现内心的安宁而努力,却总奢望着可以不劳而获;我们不愿为了解决其他麻烦而打破自身的情结,却期盼着除去自己的心理缺陷。当面临的环境异常艰难,而我们又不得不运用一切力量。这似乎并不公平。

但是,抱怨并不能解决问题。如果在你还是个婴儿的时候,你妈妈抛弃了你,你即变成了弃婴。这对你的伤害不言而喻,但是无论这种境遇公平与否,你都只能面对;如果她生下你的时候,你就患有神经官能症,那么这也是既定事实;如果不想饱受心理缺陷对你造成的伤害,那么除了想方设法治疗外,你别无选择。

人们总会问:"多久才能走出神经官能症状态?"答案是:

"谁也不知道。"时间会让人产生错觉，而恢复的快慢取决于你这种心理状态的严重程度和彻底性。

当你的阑尾有问题时，可以通过现代手术来切除，而且几乎不用受罪；当你胃疼时，医生会给你开药。但是在心理层面并不存在类似的麻醉手术，或者类似的药丸；要想消除心理的问题，你必须付出坚毅的努力，就如同依靠土地勉强谋生一样。

人们给神经官能症下了多种定义，其中最好的一个是，神经官能症是个人消极主义向意识转变的初级阶段。人的想法会因为怀疑而遭到曲解，因为萦绕心头的恐惧和令人透不过气的愤怒而变得混乱。当他尝试着思考，却演变成忧郁，然后以感到憋闷而告终。他的内心感到沮丧，并逐渐变得麻木不仁。有时候，他感到很绝望，强迫自己将注意力从那些可怕的事物转向令人兴奋和愉悦的方面；他拼命地迫使自己去完成自己的责任，强迫自己参加外界的活动，以此来摆脱内心的痛苦。

对于如何解决这些个人的难题，现在并没有可行的方法。只有回顾自己的内心深处，并努力克服内心的魔障，方为解决之道。否则只会陷入僵局。

但是，我们都知道很多人不接受这一事实，因为他们内心对此感到恐惧。相反，他们对自己的情绪不管不顾，即便这种不管不顾意味着灾难。不过，这一观点也有其合理之处。因为如果缺乏积极的疗法，那么在对神经官能症分析的过程中，毫无疑问会存在危险。我们必须构建一些美好的意象来取代消极态度，否则我们将陷入无尽的绝望。

为了解决这一问题，我父亲曾实践过一种方法，在我看来，它比现今临床实践中所采用的许多方法更有效。我父亲有个习惯，他会与患者一起静坐一段时间，然后才开始平和而消极地分析对方的心情，争取来看出他所说的"消极的氛围"。这个过程会持续到患者找到某个关键点为止。然后我父亲会突然做出调整，从消极的情绪中走出来，变得非常活跃。通过这种迅速的冲击，他帮助对方构建出一幅积极的画面，以此来将对方的想法向有益的方向引导。

这种动态意象将成为患者未来生活中所遵循的传神写照，但它们绝不是消极的习惯抑或带有神经质的态度。在将积极行动与消极情绪紧密结合方面，我父亲从来没有失败过；即便患者陷入了旧日的情绪，他们也能立刻想到更积极的观点，从而走出坏情绪的阴影。通过重复应用这种方法，患者便能走出神经官能症的困扰，拥有健康的心态。

这个方法能逐步地对患者曾受不良思维方式束缚的性格做出调整；只要他产生一些异常的感觉，新的积极想法会重新抓住他的神经，从而使得生活更美好。

在对自身进行分析的过程中，如果读者朋友们能想出健康的动态行为模式，分别将其与每一种不幸的破坏因素密切联系起来，并以此作为自己的习惯，那么这种只需对注意力进行控

制的方式，要比其他方法更为奏效。

就其本质而言，这种方法是一种艺术，它采取重要手段从源头对神经官能症进行根治。发现了造成个人心理问题的"氛围"，及其组成模式和意象，他便能怀着相应的激情，来促成积极的变化。

而这也为第二步进展奠定了基础，即打破你的情结。当你因为个人情感倾向和神经衰弱，而更倾向于某种方式时，请你反其道而行之。如果你怕见生人而且容易退缩，那么你就练习与他人相处，并参与他们的活动；如果你有恋母情结，不愿离家，那么你要走出去，花一段时间去拜访朋友，或者在故土之外找一份工作；当恐惧笼罩着你，使你无法行动自如，那么你要每天努力打破自己的行动局限，拓宽自己的行动范围。当我们释放出自身迄今为止仍遭压制的能量时，精神状态便能得到改变。

当你的思维不够清晰，当你感到明显的恐惧和紧张，这种自我调整在很多问题的解决中都发挥着关键作用。你婚姻问题的关键，或许并不在不幸的局面本身，而更多在于你自身的情感状态；你工作上的问题，包括就业问题，或许都是源于你内心的混乱。

当与老朋友见面时，我们或许会感到震惊，因为我们接受的是更新后的心理学，而他们却仍然相信外在价值并认为自己能看懂他人，而且对他人的困难爱莫能助。

真想让这些怀疑论者能亲眼见证那些经历过分析治疗的人们身上发生的变化。如果你也有过这番经历，那么你会懂得重生是什么滋味，你会尝试着说出事物有多不一样：树更绿了，天更亮了，阳光更温暖了；人更友好了，整个世界都笑了。

从最深层的意义而言，神经官能症的治疗就是借助找回人格的完整性，并确保它不再遭受妥协。人格的回归与合作精神同等重要，它能使人摆脱愚蠢而幼稚的自满造成的伤害。

然而，这并非意味着生活中再也没有长期的困难，也不意味着个人能彻底摆脱过去的状况。习惯的力量或许仍能短暂地将人拽回旧日的痛苦，但是他知道如何走出来，并且这种失衡的出现将会越来越少。

离婚的秘密

如果你是一名普通美国人，尤其是女人，那么当爱情降临时，你肯定想不到离婚也可能发生；在你关于爱情的幻想中，也肯定没想到爱情会以争论而告终。人们一次又一次满怀信心地在结婚誓词中说着"直至死亡将我们分开"，但是作为一名普通美国人，在你这一生中，离婚的概率远远高于遇到其他危险。

近来，离婚率甚至比在拥挤的街道和超速行驶导致的事故率还要高。每九对夫妻中，就有两对选择离婚，而这个数目还在上升。数据表明，在不到半个世纪里，其增幅为215%。

在美国，1910年的离婚率为12.4%，1930年上升至21.7%，1950年，数据上升到了25%。如果当前数据继续增长，那么就不难理解为什么专家们会如此担心婚姻的全面破裂了。

与这些官方显示的数据相比，这种局面带来的社会危害性实际上更为严重，因为婚姻破裂时，采取法律途径解决的人不到一半。由于婚姻无法带给我们太多快乐，所以我们对于爱情和持久亲密关系的信心已经动摇了。

这并不是一个简单的问题。假如你是一个女人，还带着三个小孩，分别为4岁、6岁和9岁；房子要还贷，你的收入还达不到一般水平，或者也可以假设你租住公寓；不管怎样，你必须得在住这方面花钱。你的丈夫在一家批发公司工作，经常出差，你发现他对你失去了兴趣。是因为其他女人吗？你没有工作，也没有经济来源。

这种局面简单吗？只有爱足够吗？完全不是。现今的婚姻，既是一个经济问题，也是一个心理学问题。但是我们还须探讨，因为爱情离不开日常的生计。每个考虑到这个问题的女人都知道，除非她的丈夫自愿留在家中，否则这个家庭便不值得拥有。强迫而来的亲密会导致生病、失败，甚至死亡；经济条件太差也行不通。

当爱情失败，婚姻破裂，我们便不得不放弃许多偏见，并看看自己还能做什么。

不久前，我参加了一次宴会。最高法院的一位法官正好坐在我的对面。我们享受了一顿美味的晚餐后，女士们都先行离开了。

法官先生开口道:"你们心理学家常常对我们法官判决婚姻问题的方式有不同看法,如果是让您坐在法官席,您会有怎样不同的作为?"

真是个直接的挑战!

"我应该跟您的做法差不多,"我回答道,"因为我也会如您一般,受到美国法律公正的制约。我们学习心理学的人,并非责怪你们法官个人,我们谴责的是法律制度中涉及婚姻的总体规则。"

"您是说我们法官受到传统和法律的约束,所以无法公正地对待处于婚姻纠纷中的个人?"法官先生的声音更温和了。

我表示赞同地回答:"我的意思是我们并非抨击你们个人。即便是在婚姻法最为落后的国家,法官们也在法律的框架内行事。让心理学家们感到遗憾的是传统法律的态度,以及对生活真相、对爱和对人性的漠视。"

"我希望看到整个社会的观点能跟上科技和工程的进步。现在,几乎所有的人们看待婚姻的观点还和百年前一样。我们在化学、机械,或者,"我指了指电灯的方向,"照明方面并没有退步,至少我们现在看不到冒烟的火炬了,对吧?"

"但是,你要如何改变这种通用程序呢?或者这样说更好,如果你是一名离婚法庭的法官,你可以采取任何你认为可行的行动,法院也允许你贯彻你的想法,那么你会怎么做?一二三四,你的步骤是什么,分别说说看,你会怎么做?"

"首先,"我按他说的分条说出我的答案,"首先我会像外科医生给受伤的病人动手术一样看待这种情况:他们都是社会淡漠的受害者。你见过哪个男人或者哪个女人真的为婚姻做好了准备吗?或者说,有人告诉他们要选择怎样的伴侣,或者如何更好地适应对方的个性吗?"

"不,不,"法官先生眯着眼睛说道,"我想我从没见过。"

"然后,我会停止对个人的指责。社会并没有教他们关于人性的知识,因此他们并没有关于这方面的洞察力,就如同他们对自己的母语一样。提出离婚的人并没有错,除非他们懂得了如何明智地选择自己的伴侣,否则他们不应该为此负责。他们的离婚,是由于无知导致的不可避免的结果。"我一边说,一边开始向我的杯子里面倒水,在刚好倒满时停了下来。"法官先生,如果我继续倒,这水就会溢出来。任何事物都有其饱和点。对那些婚姻不幸福的人来说,当无法继续忍受时,他们就会越界。这不怪他们,我会将基督教伦理学带到法庭,并宽恕他们的行为。"

"你会采取不同的做法?"

"当然。我们对婚姻的态度与对生活中其他方面都不一样。如果两个人合伙工作,却无法和谐相处,我们就会说:'他们应该分开了,他们这样是在互相拖后腿,结局会怎样他们自己也不可能知道。'并非所有的夫妻都能齐心协力;如果有人坚持让他们维持婚姻,我们会觉得这个人是疯子。"

我继续说:"因此,我想说的第二点就是,我会将离婚视为一次必要的外科手术,以此来防止可能出现的感染。对孩子们来说,父母做得最糟糕的事就是维持一段合不来的关系;父母和睦相处远比争执不断的父亲和母亲对孩子们有益。也许某一天,社会能发展得更为合理,不允许无法和睦相处的父亲和母亲继续在一起,因为他们对后代的影响太糟糕了。"

"您认为应该怎样调查导致离婚的原因呢?"法官先生问道。

"反正不是与现在法庭要求的那种调查,"我的回答很尖刻,"我赞成斯堪的纳维亚人们对离婚的态度,那就是只要有一方提出申请,就允许离婚,无须考虑所谓的内疚。我处理了上千次婚姻问题,但我从未亲眼见过三角关系,这种现象是不正常的。只有婚姻本身出现了严重的问题,男人或者女人才会去找第三者。真正的爱情是一种密切稳定的合作关系,只要它存在,他人就进不来。"

"我很好奇,不知道您有没有这样认为,那就是女人更为担心离婚。从生物学来说,无论是结婚还是离婚,男人需要承担的奉献都很小。社会在争取改善这一局面,婚姻法的目的也在于此。"法官的声音与他的语气一样坚定。

"完全同意。但是我们不仅仅是生物学意义上的生物,或者说动物,对吗?我们有思想,对人类来说,离婚涉及心理问题。如您所说，女人应该得到保护；然而，当难以对付的丈夫讨厌他的妻子，却还强制性地维持他们的关系时，女人并没有得到多大的保护。"

"如果用教规约束呢？"法官突然打断。

"教规？！您希望看到年轻人随随便便开始一段关系，沉溺于各种滥交吗？"

"不是，显然不会。"

"那么我们不应该再将婚姻描绘成一段绝望而令人不快的关系，不应该再渲染人们对儿童和社会福利的失望。您知道为什么那些疯狂的年轻人会有如此多的抱怨吗？"

"不知道。"法官先生看来似乎很好奇。

"原因就在于那些宣称婚姻是一种责任的人，他们宣称婚姻就是为了家庭的圣洁而放弃自我；他们粉碎了婚姻中可以实现爱与性共存的信念，使得年轻人对婚姻反感。在欧洲黑暗时代之前，在基督教堂结婚并不神圣，这是历史事实。直到社会和宗教腐败达到最高峰的时期，爱情才被神圣化。我愿意维持它的神圣。"

"所以您真的不会尝试找出夫妻离婚的原因，而是欣然接受？"

"不，我并不是欣然接受。至少，在我找出是哪种心理问题妨碍一段关系的成功前，我不会欣然接受。你曾听说过恋母情结和自卑情结吗？"

"当然，"法官先生傲慢地回道，"如今还有谁没听说过吗？"

"好吧。当一个男人总是将妻子与自己的母亲对比，并希望妻子完全以自己的母亲为榜样，他就有恋母情结。他情绪上有问题，但是自己却意识不到这一点。当一个女人的性本能因为过分拘谨和专横父亲的影响而受到压制时，也是如此。自卑情结、过度敏感等状况，都会毁了婚姻。"

"即便是那些浑然天成的伴侣？"法官先生问道。

"是的，即便是那些相处极度愉快的伴侣。曾有一次，我被迫向一对夫妻引见彼此，即便他们已经在同一个屋檐下生活了十二年。那个男人有恋母情结和自大情结；那个女人受过父亲的虐待，有自卑情结。由于双方都有心理方面的问题，所以他们根本不了解对方是什么样子。当某种情结占据了我们的心灵时，我们并不是真正的自我，而且我们的行动也不自然。人们总是根据自己所处的状况来评价彼此。"

"这不是很正常吗？"

"不，这不正常，这种做法是很无知的。如果你儿子患了麻疹，你会将他仅看作一个患麻疹的男孩吗？"

"不会。"法官先生笑道。

"我也不会这样看待一个未意识到自己有某种情结的人，就像我不会因为你感冒就觉得你流鼻涕是你的天性一样。我会将人的个性和他坏习惯的形成分开。目前，我正在帮助一对想离婚的夫妻,他们正尝试着这样做,看看他们觉得不幸福的原因是不是在于心理方面的问题。"

"如果发现是呢?接下来怎么做?"

"如果他们手头不宽裕,我会让他们去公共诊所;如果他们经济上过得去,那我会建议他们去寻求情绪问题治疗专家的帮助。一年后,如果这个尝试失败,我会接受他们的离婚。但是我想告诉你,如果采用这种方法,那么离婚的人数会急剧减少,而幸福的婚姻则会越来越多。"

事物的两面性

对于有些问题，人们是不应该提供建议的，因为这样很可能打断他人思维的完整性。事实上在临床心理学中存在一条重要的原则，那就是：向患者**解释原理**，而不要**告诉他怎么做**。毕竟，智慧从来不等于发号施令。

玛莎·梅里菲尔德陷入了困境：她面临着一个非常困难的问题——她爱上了一个已婚男人。"没什么希望了，他已经结婚了。"她这样说着，实在想不出任何解决方法了。

她该怎么办？她家教很严，祖辈们都行得正站得直。直到有一天下午，她终于决定得彻底地解决这个盘旋在她心头的问题。她该与唐纳德私奔吗？去找贝蒂·苏聊一聊吧，她口风很紧，而且很忠诚，否则也没有其他人可以谈这个事情了。

"玛莎，我回答不了你的问题，"贝蒂直勾勾地看着玛莎的眼睛，"我甚至不知道如果这件事发生在我身上，我会如何做。在美国，很多女人都会遭遇这种问题，她们都是根据自己的信念来解决的。"

"你的意思是你帮不了我？"

"无论是我或者他人告诉你应该或者不应该与你爱的人私奔，最后你都会恨我们。而且不管怎样，如果我说你不应该去，你很可能就去了；如果我支持你去，那么你反倒更难以决定。在人生重大问题的抉择上，他人的建议只会更令人迷惑。"

"所以我应该一个人去想想这个问题。"

贝蒂点点头："如果你是真的**好好想想**，那么不要让情感左右理智，想想将来，你很快就会知道自己应该怎么做的。这是发现你自身价值的问题，并能让你明确自己的感情状况，对吗？"

"我爱他。"玛莎坦白地答道。

"亲爱的，我知道。但是爱也分很多种。如果你现在正处于碧玉年华，而他也只是个高中男孩，那你就用不着努力去想你的爱有多么真实了。"

这又涉及新型伦理的问题，因为它的标准远比那些琐碎的陈词滥调严格。什么是至善？什么是情绪的特征？爱有多深？

玛莎这个问题的答案是：**绝不自我妥协**。爱情不会这样要求你，否则，它便不是真正的爱情，而只是欲望；同样，这个问题的答案也在于**拒绝自我满足**。亲密存在于每一个真实的行动中；只有有爱的地方，才会有真诚。生命的力量和爱情的深度是一致的。

如果玛莎知道自己想怎么做，那么就算贝蒂不会告诉她应该怎么做，但至少能够说点什么，帮她下定结论；贝蒂就能知道玛莎因为自己的存在对"另一个女人"造成了伤害有多难过；她就能帮助玛莎考虑到除了对于已经发生的状况负责之外的事情；她也就能帮助玛莎明白，她爱着的那个男人如果只是为了取悦妻子，而尝试着让妻子感到快乐，这是不可能的。在任何时候，爱都不可能因为例行公事或者抉择而变得真实；这种爱的牺牲对任何人都没有好处。

我们并不太了解关于如何将爱情转化为渴望，因为爱情首先是我们内心的感受，然后才会传递给对方。当经验告诉我们需要怜悯时，它便降临了；爱情的到来也是如此，非常慷慨。对自己克制的人，最终他的权利和希望也会离他而去；那些使自己发光，并且帮助他人发光的人，才能真正感受到这一点。

你无法使任何人感到快乐，除非对方能回应你；如果他无法接纳你的付出，那么无论你怎么做，他也不会因此收获乐趣。同样，如果他没有做好准备走出痛苦，那么你也无法帮他消除痛苦。相反，他还会因你过分热情的关怀而受到伤害。

总有一天我们会意识到，自我牺牲是弱肉强食生

活的第一步。

不要偷走他人的困难，还自称这种盗窃行为是美德。拿走他人想要经受的磨炼，就如同抢走他的面包一样，都是不诚实的。伤痛能净化一个人，它属于这个人；悲伤能融化一个人的心灵。带走他人的困难，实际上就是精神盗窃。

因此，玛莎只需要忠实于自己即可。如果她的爱是真的，这就够了。如果上帝就是爱，那么她的专注便是一种真正的忠诚，而不可能是错误。

在我们关于爱情的信条中，存在着极大的对宗教的漠视，以及糟糕的淫欲。也许有人会说：要么混沌，要么有秩序。如果是混乱的，那么就没有什么所谓的罪恶，也没有伦理的基础，我们也没有理由不成为野蛮人。如果道德是可能的，如果还有神圣的秩序，一切都具有宇宙般的和谐，那么你看来不错的事，对他人也不会有什么不好。

如果这个女人和丈夫之间的爱是真的，那么玛莎爱上她的丈夫，甚至宣称要抢走她的丈夫，都不可能对这个女人造成伤害。她会帮助所谓的竞争对手从委曲求全的生活中解脱出来。当贝蒂说"这是发现你自身价值的问题，对吗？"时，她其实已经触及了问题的核心。玛莎只有弄明白自己爱情的本质，才能解决自己的难题。

这个情形的另一面完全是痛苦的写照。伊莎贝尔·布莱恩在几个月前就知道了丈夫与玛莎的私情,也知道并意识到了丈夫发生变化的原因。她和唐纳德之间出现了问题。在玛莎进入到丈夫的生活前很久,问题便出现了,不过它的发生是逐渐的。

她内心也承认这一点。但是在绝大部分时间,内心极度的痛苦和飙升的嫉妒,使得她忽略了这一点。对"另一个女人"及其活力生机的愤怒,活生生地消耗着她的精力。

男人最为疯狂的幻想之一便是,认为是自己选择了自己的经历,是自己造就了自己的性格。事情要发生,就如同自我的出生一样,都是天性使然。性格和命运都是她的杰作,她赋予我们爱与恨,嫉妒与尊严。我们唯一能做的就是选择遵循哪一种情感。

和玛莎一样,伊莎贝尔的问题也在于对自己的忠诚,在于优雅而充满力量地迎接生命中的挑战。她可以满怀怨恨,消磨掉爱情中的最后一丝残余;她也可以让自己充满报复性的嫉妒,摧毁挽回爱人的最后一点可能性。或者,她可以寻求更好更高妙的方法来解决自己的困难。她选择了后一种更佳的方式,显示出她心灵的泰然自若。

她对自己说:"会出现这种事情,唯一的原因就是我的婚姻太脆弱了,我将倾尽全力来弥补它。这次痛苦会提醒我,如果我想留住我的婚姻,那么我必须为了爱情努力,并保持在爱人面前的美丽。婚姻只不过是一个可怜的替代品,代替了爱情而已。我要努力使它成为现实。我不能让嫉妒影响了我的行为。无论我多么愤怒,多么嫉妒,无论我内心多么仇恨,我都不能在话语中表现出来,也不能让它们影响我的决定。因为那样只会毁了一切。我不能让这些情绪毁了我。"

她知道自己该怎么做了:她严格地控制了自己的粗野,并且很明白在当下的处境中什么样的行为才对她最为有利。于是她拿定主意,"当受到嫉妒驱使时,不如背道而驰"。因此,她摆脱原始冲动的控制,与玛莎交朋友。她结识了玛莎,并与她结交,她们的关系变得非常密切。最后,那段露水姻缘结束了。

面对这种局面时,如果你能保持心灵敏锐,并坚定勇敢,那么你已经成功了 60%。如果这次出轨只不过是一次逢场作戏,那么它会破裂;如果这是一次无心之过,那么丈夫和"第三者"都会意识到这一点;如果这是一次真正的事件,那么你们三个人都会意识到,并会得体地做出最为理智的决定。

见异思迁并不少见,其原因在于婚姻并非"普世准则"。新的关系,倒是有可能。

在这整个困境中,我们面对的(或者说需要面对的)是人类内心最深处的冲动。爱情并不是想当然,它没那么简单,也没那么顺从。你将它囚禁在牢笼,它会死去;你约束它,它会转变为恨;你强迫它,它便消失不见。你无法用意志力来对待爱情,你更不可能控制爱情。你能做的只有引导它的表达。

它的发生和消失都取决于你在处理生活问题中的才能。

如今我们都知道,吸引法则和排斥法则如同重力一般绝对存在。某些人或事之间能发生和谐的响应,而另一些人和事之间却只能产生敌意。这个问题无关好坏,无关对错,而是关于同感或是反感。当你喜欢时,你会继续做出回应;而当你讨厌时,你便不会。原因就在于你和对方是否能产生共鸣。

人可能破坏爱的活动,导致悲伤和混乱。他可能置爱的格言于不顾,孤独地生活;他也可能听从爱的召唤甚至学会表达爱,从而收获幸福。爱情不是小小的自负,它更像是潮汐和闪电。

人或许会得到爱,而且也了解激情的强烈。他可能限制爱意的流动,半推半就;他也可能误解爱的力量,使其沦为扭曲的性欲和掠夺性的欲望。爱,并不意味着占有。爱情的降临和消逝,就如同生命的到来与消失,使人欢欣抑或失落。人们一次又一次地将自己凌驾于自然之上,在生命的力量面前,才意识到自己是多么微不足道。

这就是为什么我们能使婚姻具有法律效力,而爱则不行。如果婚姻不能持久,那么还不如未曾拥有。

与生活中的其他遭遇相比,这种情形的成功处理更加有赖于对人性基本原则的坚持。身处于这种窘境,如果你还委屈自己,那么你会失去所有和平的希望;在与环境做斗争时,如果你沉溺于自我满足和愤怒的威胁,那么麻烦会让你应接不暇。

只有更加坚定地把握住合作精神,并继续寻求互相帮助,才会有希望。

总而言之,婚姻中的双方在迈入婚姻时都是自由平等的个体,如果他们希望继续保持这种自由平等,那么千万不要依附于他人。在每个人的期待之外,总会有一个真正的实施方法——这才是有待发现的事。

无论你我,不管遭到怎样的对待都并不要紧,关键是我们必须遵照生活的意志。真正聪明而无私的人不会为了他人而放弃自己,他只会采纳最为可行的方式。

吵架新技能

事情发生在一个度假山庄。路易丝·古德温和她的奶奶，还有她的未婚夫迈克尔·塔尔伯特一起来度假。迈克尔想带路易丝参加野餐，但是路易丝不肯，因为她想参加当地的舞会。他们各执己见，都拒绝听取对方的观点，更别提接受了。他们都希望说服对方接受自己的观点，都不愿倾听。

更糟糕的是，在争吵时，双方都喜欢用"对啊，但是"这种话来打断对方，观点不但片面而且还带着偏见。迈克尔罗列了一堆为什么他们应该去野餐的原因，却没能说出想去参加野餐的真正原因是自己想尽孝心，因为他的妈妈也会参加那个野餐，而她希望见到自己。

路易丝直觉性地察觉到来自他妈妈的影响，但是她不敢提。于是,她激动地说,某富有的投资家也会来参加舞会,迈克尔应该去见见他。她的话使得迈克尔醋意大发,于是他说自己肯定不会去见他的。路易丝断言是因为他不想出人头地,不愿意让她过上舒适的生活。于是,麻烦出现了。

他们俩都自我,自傲,不诚实,遮遮掩掩,甚至带着几分欺骗。随着争吵愈演愈烈,双方都感到羞愧,讨厌自己,但是却越来越表现得像是讨厌对方。面对这种局面,人们该怎么做?下面有七条基本规则:

七个防止争吵的方法

1. 闭嘴。保持沉默和倾听,直到对方让你开口。
2. 做出约定:双方都有一定的倾诉时间——5分钟也好,15分钟也罢,在这段时间内,对方只能听,不能说任何话来做出回应。在说的时候,畅所欲言。
3. 在争辩的时候,说出所有未曾说到的或者不敢说出的原因,即便你不敢面对或者提及它们。
4. 无论是倾听还是倾诉,都尽最大努力保持客观。
5. 给双方都设定一个回应时间,在此期间不许打断。
6. 如果在此期间出现了争议,那么分开一个小时,自己静静地考虑;不要斤斤计较。
7. 当独自一人时,将对方的观点写下来,并真诚地予以思索。

奶奶古德温也是个充满生活智慧的人，她对迈克尔的喜爱，并不亚于对路易丝。在与路易丝的矛盾最为激烈的时候，这个年轻的男人突然想到向这位年长的妇人求助，路易丝也同意与奶奶聊聊，同样信心满满地认为自己的亲人肯定支持的是自己。

但是古德温奶奶可不糊涂。傻瓜才会介入别人间的争吵，而大傻瓜还会想着去劝和。于是她说："你们别待在一块，自己好好想，然后分别来见我。如果你们能够首先告诉我你们错在哪里，那我愿意帮助你们。"

古德温奶奶采取了一种温和的方式，让这些年轻而自私的人认识到自己的控制欲，让他们意识到彼此间的和谐最重要，对此我们无须亦步亦趋。

她建议道："为什么没有第三方案？如果你们一起去航海的话，不也很有趣吗？"

"我喜欢这个建议。"迈克尔表示赞成，还为自己不用向妈妈和路易丝屈服而感到窃喜。

"我也觉得不错。"路易丝赞同地说道，对这个结果也很开心。

第三条道路（方式）的原则，尚未讨论的答案（不讨论答案），一种聪明的新型适应（这是一种更为智慧的新型适应方式）。记住这一点，面对所有争议，它都是无价的解决方案。

然而，与此相比，更为重要的却是，当你独自一人时，不妨思考一下你是否犯过以下错误，你是否：

拒绝给予时间让他人陈述自己的全部观点？

在已经被他人说服后，不敢承认？

总是沉迷于以牙还牙？

当在争论中占下风时，牵扯入一些无关的事物？

因为某些观点让你心烦意乱而对其大肆挑剔，并失去理智？

因为压制愤怒而口不择言，而后靠不停地说话来阻止其传播？

因为事先没有考虑清楚而耽搁某些事情，以便理清思绪？

人不可能同时看清方方面面，记住这一点非常重要。如果你想表现得很聪颖，但却像个自作聪明的跳蚤一般，死死地围绕着一个观点，讨论完一个然后才转向下一个，那么明明一个小时可以学到的东西，你却要花上数年时间。

养成习惯，对自己说："那么，事实到底是什么？"然后重新讲述一遍，辨别出争论中的"正误"。在大多数时候，隐形动机和暗含动力往往隐藏在说出口的话语下，欺骗了他人，也造成了大部分的困难。

举例来说，迈克尔是一个普通的男青年，但是他也会与人争吵，因为他哥哥经常戏弄他，养成了他爱与人争论的个性。路易丝有轻微的恐惧症，所以她的确不愿意参加在山上举行的野餐，因为她讨厌高高的悬崖。诚实一点面对自己，带着爱与同理心深入地分析以找出真相，你将见证巨大的改变。

处于争吵中时，我们大多都是将自己的价值观念投射到对方身上，因为我们自己精神上的失败而责怪对方，用陈词滥调来掩盖事实。

有一些常见的责任模式值得我们思考。你会指责他人或者被他人指责，当：

> 你们双方意见不一致时；
>
> 感到深深的懊悔时；
>
> 打破衰微的道德观时；
>
> 对心中的典范决口不提时；
>
> 受到内在冲动的驱使；
>
> 你暂时"不能做"时；
>
> 受到你活动等级和思考频率的影响；
>
> 你们的性格和兴趣不同时；
>
> 你内心坚守某些原则时；
>
> 你坚持自我时；
>
> 你需要仔细思考才能理出头绪；
>
> 你们需求不一致；
>
> 你们内心的渴望不同；
>
> 你们能力有差异；
>
> 运气不好；

为了满足自我，认为除了自己外，其他人都有毛病。

对于爱争论的人来说，无风都能起浪，而他们从争论中也得不到什么东西。如果写下你经历过的 15 次争吵的结果，难道它们有什么意义吗？

为什么不学着以退为进呢？学学接下来的建议吧：

明确你的目的，并坚持将它设为你的目标；

忽视那些不会干扰你目的的挑战；

放弃所有的细枝末节；

与你想要屈从的事物保持交流；

始终回到你要遵从的点；

对于你的根本目的，不要说，要坚持，要等待。

与此同时，你越安静，你的能力将越强大。以下事情可以无视，因为它们根本不值得让人烦恼：

大多数的批评和指责；

他人偶尔的犯错；

所有的轻视，无论它们是有意还是无意；

无知导致的所有行为；

无能导致的所有行为；

神经质的人所做出的行为；

他人没耐心时给出的建议；

所有不请自来的义务；

无法纠正的错误；

因性格差异导致的大多数后果；

生活中无法避免的损失；

个体的不完美；

认识到生活总是充满艰辛，你们正在争论的情形也不例外。

无论如何，在任何讨论中你都可以停下来使自己放松。以下是一位新英格兰农场主的准则：

聊友好而幽默的事物；

坐下的时候不拘束，使自己感到舒适；

举止礼貌；

坐下来感悟一下天空的辽阔；

不要觉得自己很重要，更不要因此而充满防备。

有句话说得好，"赢得了战争，输掉了朋友"。你不可能说服同事与你进行合作。也许有人会说，当你赢得了一场争论的同时，你也输掉了一场胜利——一场当你允许争辩歪曲你的目的时，便梦寐以求的胜利。当意见不一致时，赢的人因为冗长的讨论而筋疲力尽，以至于根本没有心思去实现自己的目标。

笑声永远比叹气好。它更有力量，在激烈的争吵中，一串笑声的出现能消解复仇的斗志。当面对欢乐时，复仇变得迷惑而无所适从。学着用笑声驱走敌意。辩论与纵横字谜只是一种娱乐,保持它们的这种特性。学着将所有的辩论都视为游戏,使它们保持轻松,幽默而宽容。当与你交谈的某人变得自私或者失去耐心,离开那间屋子。疏离和烦躁都是私人的问题,也只应该是私人的问题。

毕竟,如果你不自满,你也不会与人争吵;除非你不接受任何妥协,否则你将不可能保持冷静。只有保持个人诚实的冲动和互助间的平衡,智慧和合作才能得以维持。

为什么会英年早逝？

埃文斯·斯特里克兰蹙着眉头。他并不是很想有这次会面。只不过他最近总是感到神经紧张，所以才趁这位著名的法国专家来美之际来向他求助。在纽约这种风起云涌的大环境中，担任公司法律顾问多年，要付出很大的代价。

他曾对妻子说："这份工作真的很难，做得时间长了，那种压力没有人能忍受。"

然而，当同样的话语从这位知名医生嘴里说出来的时候，他却觉得自己受到了冒犯。他想要的是让医生帮助他"回归正轨"，那样他就可以继续与自然对抗，坚持自己的生活了。当然，这位医生并不具有这种魔力。

斯特里克兰解释道："医生，我必须继续工作，但是我真的神经衰弱了,晚上根本睡不着,脑子里面一片迷茫,内心……"

"嗯,嗯,就是这样,"医生点着头,"我了解你的感受。你们美国人的生活节奏太快了,恨不得一下子解决所有的问题,因此你们的心脏,也不得不跟随着你们的节奏。"

斯特里克兰迫使自己接受检查。"但是医生,我自己能照顾好自己啊,我知道该怎么做。"

"那么你都是怎么照顾你自己的呢?"医生问道。

"为什么这么问?我最近感冒严重,还有点便秘,感到特别累,总是很低落,所以我就放下了工作,在周日的早晨卧床休息,定期喝灌肠剂,如果流鼻涕,我还会吃药。"

"那你的胃,它还好吗?"医生笑着问。

"我吃的都是酸性的。"斯特里克兰的语气充满了防备。

"你找过其他医师或者施用咒语吗?"医生温和地问。

"用它们干吗?"病人笑声咕哝着,好像对接下来要发生的事情有所察觉。

"它们也会起作用。你不运动,身体变得迟钝,肺气不足。你要么在外面玩到凌晨,要么在家坐着,就像原木上的真菌,还觉得自己是在休息,奢望着能重拾青春的热血。100年前的医疗手段或许能对你有用,但那是100年前的手段。但是现在,你必须保持腺体的健康,补充适当的维生素,这才是现代的方式。同时,你还得避免压力,让你的神经得到放松,不要再烧你的脑子了。"

"烧脑子?"

"对。你见过刚煎熟的鸡蛋吗?见过蛋清变白的过程吗?那就是凝固在起作用。当你感到精疲力尽时,血液中没有了氧气,大脑开始凝固,然后你的精神便会出现轻微的错乱。"

斯特里克兰盯着医生一闪一闪的眼睛,听着他的咯咯的笑声,焦虑一点也没得到缓解。

"你是说我偶尔会精神失常?"他紧张地问道。

"无论是谁,在过度疲劳时都会有点。但是只要当他得到休息,那么这种愚蠢的想法就会过去。你工作为什么要这么拼命?"

"我要养活家人。"

"那你又为什么要熬夜呢?"

"我妻子说那是唯一我们可以共同参加的社交生活。"

"你得让她知道你承受的压力。"

"医生,我不能,我不想自私。"

"那不是自私,那是明智。你说数年前你曾累垮过。只要你的神经没有受损,那么你的行为不可能一直伤害他人。"

换句话说,如果一个人玩桥牌到深夜,疯狂地嬉戏,第二天想方设法打起精神,神采奕奕地奔赴办公室,还像个精力充沛的人一样开车赶往乡下,在高速公路上玩命,或者不遗余力地进行社交;这都是不可能的。当一个人疯狂地摧毁了生活的方方面面之后，却还奢望着不会出现问题，这同样不可能。

一个人一旦不再自我妥协，也就不再会让自己精疲力竭。当压力过大的时候，他会自觉抵制。他也不会因为一时的心血来潮而以伤害身体为代价来获得自我满足。真正有勇气的人，会懂得去保护自己的神经系统。

斯特里克兰坚信这位医生能帮助自己，于是他开始使用太阳灯，锻炼身体，健康饮食，调整自己的内分泌系统；同时，他也改变了自己的生活方式。医生告诉了他一些关于如何保持健康的朴素的方法，它们是现代科学关于大脑疲劳的一些发现：

五种避免大脑疲劳的方法

大脑疲劳是由大脑供血不足引起的，过度紧张使得身体仿佛被缠上止血带。停下你的过分努力，停下你的过分急迫、过分焦虑，还有过分适应，当你感到紧张的时候，深呼吸三分钟。

它的出现也跟人们不愿意停下来听从直觉和进一步判断的引导有关。要等——在行动前稍等一下，给自己一点思考的时间。

它的出现也是由冲突、目标不明，还有观点对立的不安所引起的。你应该停下来，写下对立的两方面，看看哪一个观点更为有力，然后照此行事。

它的出现也与剧毒有关。吃饭的时候速度要慢，饭后不要快速奔跑。

它的出现也离不开对氧气的需求。当问题难以解决时，去窗前呼吸一下新鲜空气；你的大脑就如同汽车中的发动机，离不开空气。

当你"无法休息"时，不要强迫自己。想想最能吸引你注意力的事，寻找一种方式能使你安全而舒适地忘掉自己，然后采纳这种方法。

如果你的思维一定要运转得很快，那你也应该设置红绿灯，以避免思维在十字路口的碰撞。以 15 分钟为间隔设置好。你可以伸伸懒腰，休息一分钟，养成这种习惯。

你曾看过良马或者聪明的驴子走小径吗？它们常常停下来休息，缓过气后才会继续前进。你也应该学习这种做法，否则你不要奢望维持健康。

睡眠好，心情好

德斯顿夫人睡眠不好。她"已经多年没睡好了"。只要有光，她脑子里面就开始想她那些乱七八糟的事情。

事情仿佛永远做不完。每天都要做饭，实在令人厌烦。她想看新出的书，但是从来都没有时间，内心越来越觉无趣。她丈夫觉得她和她的母亲一样不可理喻——这话说得真是毫不客气。

这位妻子对她的丈夫说："但是乔治，我总是很累。要做的事情太多了，我也会烦。"

"能做就做，做不了就放一边。"乔治咕哝着。

"但我只不过是在尽我的责任啊，我总不能像塔格夫人那样吧。她做的那种晚餐，你愿意吃吗？"

"不愿意,"乔治的脾气上来了,大声说道,"但这并不意味着你做梦都要做饭。"

"琐碎的事情太难应付了。"妻子叹息道。

乔治表示否认:"我做生意不也一样吗?如果我们在这里耗上半个小时,那里也耗上半个小时,那我们现在的情况会是怎样?"

"你说得是,但你的生意是有归档系统或者类似东西组织管理的。"

"那你也可以使你的生活系统化啊。你已经有几个月没有摸过你的钢琴了,你做的很多事情其实是不必要的。"

"但是我不能让家里脏兮兮的吧。"德斯顿夫人大声说道,充满了女性独有的惊恐。

"对啊,但我也不会让你沦为家庭的奴隶,去梳理一下自己的生活吧。"

德斯顿夫人采纳了这一建议,惊喜地发现过去那些混乱无序的"自我牺牲"根本就没有必要;更让她惊奇的是,她的睡眠开始变好了。

如果她一直坚信绝不自我妥协,那么她根本就不会让家庭琐事干扰到自己的生活,同时,那种家庭主妇所常见的自我迫害的妄想也不会让她感觉压力沉重,以致让她无力摆脱那种病态的乏力感和失眠状态。

人们失眠是因为身体出了问题,也就是神经过敏。他们大多都很无私，而失去了必要的休息。良好而舒适的睡眠能使你重新提起精神，是一种重要的心理康复。

近期的睡眠研究告诉我们，心理放松能够使身体恢复，而嗜睡状态也能修复心理结构。这种神秘之处使我们确信，当处于睡眠中时，我们的精力与"另一个世界"保持联系，能够通过天体活力的增加而得以加强。尽管如此，深度的睡眠对于成功而言仍是非常关键的。这是一种最主要和最基本的自私。

如果你睡得不好，入睡困难，那么你也许应该在上床前进行一个仪式。在做巡回演讲的时候，我白天要做演讲，不停与人握手，而晚上常常一连好几夜地在普尔曼卧铺车上面度过。如果我睡眠不好，那么我怎么能撑得住？

我让自己变成一个在火车上也能睡着的人。如果我的方法在嘈杂的普尔曼车上都能奏效，那么它应该也能帮助躺在柔软大床的你进入梦乡。

如果你觉得入睡有点困难，那么使用三到四种方法；如果你觉得很困难，使用六到七种；如果你是个慢性失眠症患者，那么这些方法请全都用上。我还没听过谁完全采纳这些方法后仍不能解决睡眠问题的。

保证睡眠的八种方法

1. 喝杯热饮。市面上能够帮助入睡的产品都不如一杯热牛奶的效果。你知道你的睡眠与牛奶之间的关系吗？"嗨，宝贝，你已经喝过牛奶啦，咱们去睡觉，妈妈唱歌给你听。"当你喝热饮的时候，便能重建起婴儿时期的那种习惯模式。

2. 按摩。从头开始，对头皮按摩，一直延伸到脊椎底端；然后按摩颈部，试着拉动头部以使颈部得到舒展；不要急拉，慢慢地轻轻地，一只手置于后脑勺。接着，按摩肩部。揉腹部，摇摇你的胃部，边做边想象胃液被晃动的样子。有想休息的感觉了吗？如果有，就停下来，马上睡觉；如果没有，双拳朝上置于背后，上上下下移动以放松脊椎。接着按摩臀部和大腿部位，然后是双脚。

3. 呼气和打哈欠练习。上床的时候，婴儿都会咯咯笑，嘀嘀咕咕然后唱歌；鸟儿会低声歌唱；除了愚蠢的人类，其他动物都会有类似的举动。有规律地开始呼气，然后打哈欠；时而因为自己滑稽的僵硬紧张而窃笑。用心感受你的床，多么舒服；然后接着呼气。张开嘴，打哈欠，直到你的耳朵快裂开。如果你无法无意识地打哈欠，那么有意识地这样做。

4. 伸懒腰，做锻炼。伸懒腰，向不同方向扭动身体。用膝盖的力量翻身，趴在床上；然后用背部的力量翻身，伸个懒腰。使劲扭动全身，踢踢脚。如果你已婚，睡的是双人床，那么你就先上床，在床上翻滚，直到神经得到满足。最后告诉你的爱人，接下来你可以保持安静了。

5. 轻柔地压眼。温柔地按压眼部，当然，要闭上眼。用力按压眼球，直到它们感受到手指的重量。然后缓慢地减少力量，按摩整个眼部。

6. 做个美妙的梦。如果你有一个吸引人的梦想，那么把它利用起来；如果你没有，那么想出一个最能让人安静下来、最让人倦怠、最香甜而又最让人懒散的地方吧，月夜下的南海海滩就不错。想象着自己身临其境，那时自己的感受；漂浮在海面上，闻着花香。梦境剩下的部分就是你自己的事了。每晚都利用同一个梦助你入眠。如果你说你从未听说过患有失眠症的灌木丛里的男孩，这简直是胡说八道。这种想法无法帮你入睡。如果你拥有一个梦境，并且无惧一些无伤大雅的小快乐，那么你就可以成功入眠了。

7. 学会呼吸。如果你非常顽强，想象自己在令人昏昏欲睡的海面上漂浮后仍然无法入睡，那么你可以开始深呼吸，深深地，慢慢地用你的鼻子呼吸。当然也无须太长，只要像睡着一样狠狠地呼吸，就像海水拍打着沙滩的声音。躺着倾听海浪，听着，听着，直到你如同孩子一般睡去。

8. 精神性失聪。在心里面想象自己失去了听力，将这种想法深深地刻进心底，并对自己说："我正挂电话，我正关上收音机，我什么都听不到。"重复这一过程，屈服于它。每晚都这样做，做 30 天。不要期望它在第一个失眠的夜晚就会起效，因为如果你无意识地拒绝睡觉，那么还需要新的训练来克服它。但是，大概一个月，你就会学会如何闭上你的耳朵，然后入睡。

为了保证晚上的睡眠质量，你一定得记住，白天消耗的精力要少于产生的精力。保持在你强度储备范围内。你努力扼杀自己，而这并非你自己的责任，它只是一种愚蠢的无私，使得你做出如此蠢事。垮掉的身体，比空荡荡的银行更糟糕。

坚持在睡觉前摆脱那些焦虑的空想。如果这样解决不了你的问题，那么你可以去书房坐一坐，直到你理清头绪为止。尿床与在床上辗转反侧同样幼稚。无论是精神上，还是身体上，你都需要接受"训练"。

生病还是健康

以下摘自一封医生的来信：

目前，大众对于器官性疾病和功能性疾病间差别的了解尚待增进，但是，这并不令人惊讶，因为还有很多医生对于这二者间的关系也并不是非常明确。

在真正的神经和腺体的疾病与纯粹幻想出来的精神病态之间，存在着一条重要的界线。精神状态对身体状态的影响是潜移默化的，因此在很多时候，高昂的士气远比良药来得有效。关于过去家庭医生的作用，值得说道的很多。由于他们与病人相识多年，对病人非常了解，因此可以很精准地诊断出他们的病痛。

而且，当他们走到病床前，带着亲切的微笑以及乐观的态度，他们散发出来的关爱能给予病人以勇气和信心。我们可以嘲笑这种信仰疗法，但是当我们将这种亲切建议的力量从疗法中去除时，医学的力量会丧失一半。无论器械多么高效，无论医生多么老练，都没有什么可以代替信心的力量。

对于任何关心身体健康问题的人来说，无论他是为自身抑或家人担心，以下的话都非常重要。我们不应看轻现代医学的神奇之处，也不应看轻现代医疗设备惊人的发展带给我们健康的保护；但是对于这位聪明的医生所说的话，的确应该引起我们的注意。

当家里有人生病，你的愿望就是战胜病痛。但是你需要应付的是怎样的情形？你的一言一行会对病人产生什么样的影响？几乎每一个医生面对过这种局面不下百次——医生辛辛苦苦治病，而紧张激动的家人却使得病情恶化。

经过与国内一些杰出医生们的多年接触，我可以告诉你，当有人生病时：

尽早听从专家的建议，别等到太晚才疯狂地寻求帮助。

不要采纳那些盲目的治疗方法，等到方法失败了又谴责所有的医疗方案。

不要相信那些关于某种疾病的愚蠢的迷信，古代的愚蠢的迷信现在还大量存在。

不要忘记生病时，生理卫生远比健康时更重要，病人的饮食往往才是决定因素，在这一点上，医生比厨师懂得多。

正确的心态与恰当的身体护理同等重要，如果在医生确诊之后，家里面便乱成一团，或者像个昏暗的山洞，那么药也不会见效。

大多数人的身体状况都包含了个人的精神和情绪，尤其是机能上的。对传统的"神经衰弱"、结肠炎以及其他诸多类似困扰的治疗，严重依赖于精神状态。采取同样的态度对待医生说的话与他们开的药，认真听，记入心底。

如果医生说你患有忧郁症，不要因此感到愤怒然后换一个医生。很多人都是因为自身的恐惧和消极态度才无法治愈的。

记住，生病并不是你用来获取他人注意力的手段，在美国，它只是你自己的事。

想象一下这样一幅画面：玛丽·斯汤顿因为结肠炎卧床了，万斯医生正在与玛丽的妈妈交谈，并尝试告诉她，她对于玛丽自怨自艾和渴望登上高位的应和，会使得玛丽更为沮丧。万斯医生认为，玛丽已经养成了习惯，在她看来，总会出现事物使她心烦意乱，她态度上出现了问题。

"您的姐姐信奉基督教科学派,是吗?"医生试探性地问道。

"是啊,为什么问这个?"

"我想让您的女儿去她那儿待上一段时间。"医生机灵地答道。

"为什么,万斯医生,为什么会产生这种想法?!"斯汤顿夫人害怕地问道:"您为什么要那样做?"

"因为那样子她可以受到那些不因为自己有病而状态不佳的人们的影响,我不否认细菌以及其他身体因素,但是我确实希望从您身上能看到您姐姐的那种乐观态度。"

在健康问题上,这一点非常重要。找出让你过敏的食物,不要害怕它们;改善你便秘的情况,不要听之任之。竭尽全力治疗伤痛,不要永远生活在恐惧中;妥善应付传染病,不要对它产生恐惧。

如果生病的是你自己,那么勇敢地与病痛做斗争。向医生咨询10种办法,用来使自己放松,镇定地深呼吸,并保持乐观的态度。请他帮你将精力集中于如何恢复健康。通常而言,如果你向医生表明你想知道这些办法的意愿,医生都是非常乐于告诉你的。

心灵与身体和身体与心灵间的互动都非常重要。如果生病了,不要因为担心某人或某事而使得病情恶化。在这种时候,你必须学会放手。不要因为病情而感到悲伤,因为有些病会引起短期的忧郁。不要绝望，因为绝望并不能帮你减少痛苦。

平静而明智地与自己对话，对于你想要采取的恢复健康的方式做出自我暗示。亲眼见证着自己不断变得更好。对于任何困难，打败它的方式都只有一种，那就是拥有健康的态度。找到方式增强自己的士气，你永远可以使自己快乐起来。

记住，当他人生病时，消极的同情就如同毒药；不要谈论与疾病相关的事情，至少不要当着病人的面谈论他病情的危险和悲伤。

无论是因受伤、感染、传染和细菌所导致的机体病变，抑或是神经和腺体导致的功能性病态，这一点都同样重要。信念、勇气，再加上一点点玩笑，伤痛能好一半。

奇怪的是，那些特别渴望取得成就的人很少生病，原因也许在于他们与生活之间的关系非常健康，而这种健康反过来保护了他们。当一个人目标坚定时，他很少会自我妥协，也根本没有时间用生病来获得自我满足感。

为金钱而烦恼

多年前,飞鸟之歌的制作商查尔斯·凯洛格做了一项实验,用来证实在我们的民族意识中,人们只看中金钱。他坚持认为我们每个人都只会听到意识里关注的东西,对于我们不关心的声音则会无视,于是他在一条喧闹的街道旁的人行道扔出一枚一角硬币。行人都停了下来,眼睛搜索着硬币。而他自己,则听到了某个角落传来的蟋蟀的歌声,与他同行的人,在车辆发出的轰鸣声中,却根本没听到这唧唧声。

当一个男人告诉你,他对金钱感到焦虑,他想表达的并非字面含义时,他只不过是担心自己无法获得用金钱买到的那些东西而已。如果他能拥有这种能力,那么他一定会欢欢喜喜地摆脱这些俗物。

让我们想象一下这幅画面,假如你因为过度劳累患上了感冒,全身难受,躺在床上就像躺在花岗岩山脊上一样。当你试图入睡,但是实在睡不着,眼睛还盯着桌上的信封。

"账单,账单,"你抱怨道,"为什么它们不能放过生病的人?"

你躺在那,思索着维持基本生存所需要的花费,因为这就是你的现状。你的日常生活并不值得称道,这也就是为什么阿宾顿医生让你休息,还威胁你如果不休息,很可能患上肺炎。那样你很快又能从他那儿收到新的账单了。生病导致的医疗服务费用和时间损失巨大。

仿佛是为了故意让你抱怨似的,阿宾顿下午又来查房了,给你测了脉搏,量了体温,做完这一切,你却愤怒不已。这个下午,这位绅士并没有急着离开,反而坐了下来。

"你有什么特别的要求吗,小伙子,譬如说关于葬礼安排之类的事情?"他问道。

你震惊地站了起来:"医生,您是说我好不起来了?"

"不会,很遗憾的是,你好得很快,好得太快对你并没什么好处,所以我才想跟你谈谈。如果你能够在这儿待上几周,那么我们会强迫你休息。然而事实上,大概一天左右你就要回到高速运转的生活中,但是你的身体会受不了,那样子你会活不长久。你必须把速度慢下来,为什么不让年轻的伙伴承担更多的工作呢?"

"是啊，让他做更多的工作，赚走我需要的钱。医生，我的病有一半都是来自钱方面的压力。看看那些账单，我必须得还啊，但是我不知道怎么才能还完。"

"你也不懂如何生活，这才是真正的问题。你的付出是你所需要的两倍。"

"您应该把这话告诉米莉才是。"你哼哼着。

"我才不会，那是你的事，但是你必须做得聪明点。这不是米莉的错，问题的根源还是在于你自己。"

与这位老医生大概聊了一个小时。你的预算是怎样的？如何安排家用以使入能敷出？你的孩子们对于生活费用的了解有多少？为了控制不必要的开支，每个家庭成员分别承担怎样的责任？他发现你对回答这些问题都很抗拒。

他坚持认为："你在这个问题上太自负了。你不愿意整理你的财务问题，因为这样子会伤到你的自尊。你宁愿大手大脚，甚至瞎忙活。但是生活不应该是这样的。美国人都选择这样的生活方式，所以成千上万的中年人失去性命。当然，我并不是建议你向苏格兰人那般节俭，虽然那种方式也比你现在的所作所为要好得多。我只是觉得，既然你担心收入问题，那么你就应该解决它。如果你不会因为压力过重而死掉，那么你做什么我都管不了。实际上，我对你说的这些话远比我给你开的药重要。家庭是民主的，或者说应该是民主的。我只是让你更聪明地应用这些你已经非常熟悉的观点。听我说，我还有一个建议，如果你还不接受，那么我就不管了，让你毁了你自己。你召集一次会议，只有你妻子、孩子还有你自己，你们坐在一起，共同解决开支和你健康的问题。"

"可是把所有的问题都推给家人，这太自私了。"你反对道。

"是的，但是如果这是一种自私，那它也远比因为无私而死去，留下孤苦无依的他们要好得多。"

"您觉得我应该怎么进行这件事情？"

"听起来，你似乎不知道自己想不想这样做。但不管怎样，我还是会回答你的问题。当你们都在桌边坐下后，让每个人都列出每个人必要的开支。"

"您的意思是，孩子也要列？"

"为什么不？如果你不给他们机会了解什么是收入和支出，那他们以后怎么会懂得？把你们四个人的清单放在一起，按重要程度进行排序，划掉最后 10 项，因为在现阶段它们不太可取，或者你们也可以就那些比较重要的项目上协商，然后投票。"

我知道很多成功运行了这一计划的实例。如果国家想要维持民主，那么家庭自治这一方法必须采纳。无数的妻子和孩子们对于家庭的收入毫不知情，但是十之八九，开放地讨论能够改善这一局面，甚至能影响到一家之主的态度，并帮助他更加成功地平衡家庭收支。

只要家里每个人的开支只占到你们收入的四分之一,那么你就无须为了家庭经济状况而担心。我们并不是生活在奴隶制或者对野蛮人的恐惧中。门口的狼嚎只是一种比喻的说法,但是我们并没有完全摆脱财政上的恐惧症。

许多医生都知道,美国人对金钱的狂热是高血压的一大原因。现在,高血压在男人中非常普遍。这种病在美国如此普遍,与人们为金钱而奋斗分不开。在这个过程中,美国人或多或少都失去了生活的艺术。我们创造出了错误的标准,并剥夺了自身的安宁与闲暇。

可以肯定的是,如果我们为了钱而自我妥协,那么钱就变成了一种阻碍。事实上,最为糟糕的自我满足感就是为了寻求财富而失去自己。

致富与享受之道

我认识一个炉工,他是意大利人。有好几个月,他都在帮我打点火炉,靠那点微薄的收入维持一家人的生计。现在,他家的情况好多了。

我还有个邻居,经营着一个大公司,他花钱大手大脚,不过挣的还是比花的多。他挺会理财的。

我们抱怨高额的税款,随时防备着物价上涨,担心哪天自己的收入无法满足当前的生活方式。我们得保护好自己的存款。

有段时间,我都觉得该向金融顾问咨询咨询。于是我问了一位银行理财专家,他建议我买股票。我做事一向小心谨慎,于是我又向大信贷公司的顾问咨询投资事宜,他的建议也一样。我又问了位在交易所做经纪人的朋友,他也认为应该买股票。现在我已经持有600股股票,每手两美分。

现在若是有人问我对投资的看法,我一定脱口而出:"别信那些银行家、经纪人或咨询顾问的鬼话。你可以向他们咨询,但还是得听取那些实干家的判断。"过去八年,我从无数人的身上验证了这句话,包括我自己。我知道,这句话是对的。人们在处理钱财的时候,脑袋里除了想到钱就没别的。这完全不是钱财之道。

钱不仅仅是那几叠票子,它还有别的意义。而你该做的就是好好想想,钱对你到底意味着什么。毫无疑问,我们正面临着社会转型,劳资纠纷正在增加。

或许你的银行顾问不相信世事无常,但相信与否,事实就是如此。

那么如何解决你的问题呢?如果你是要寻求心理上的建议的话,那么核心肯定就是高效自私。投资形式有以下六种:

1. 投资房地产。
2. 储存商品和食品。
3. 存钱、买保险。
4. 购买股票、债券。
5. 投资私人公司。
6. 购买政府债券。

还有三种投资方式:

1. 以保证金进行投机性投资。

2. 专项投资,自负盈亏。

3. 定期存款。

选择何种投资类型或方式取决于你理财的需要。我们看看皮特·保林在投资策略方面所做的调整。他过去是玩市场的,没担多少风险,不过还是打算利用货币增值发家致富。市场一旦滑落,他就立马脱手。

现在他改变了方式。他认为投资方式应该跟个人的收入、义务以及国家和工业的稳定形势挂钩。于是他零散地进行如下理财:

1. 在低税地区投资房产。

2. 在低价时就购买了一些商品和食品以防物资短缺时涨价。

3. 存了点钱。

4. 买了点保守股。

5. 给一家行事谨慎的私企投了点钱。

6. 买了些政府债券。

结果如何?他的焦虑马上打消了,最后投资所得比自己的工资还多两倍。收入自然就上去了。

几年前,有位金融顾问说道:"对投资的担忧说明了社会资源的不足。"这句话真是金玉良言。如果你担心存款问题,那肯定是你投资有误。打听不同的投资渠道固然是件好事,但最重要的还是你自己如何看待。有些人可能会给你提些好的建议,但这些可能与你的性格不符。你得听从自己的感觉并权衡利弊。

如果不自觉加以控制,心理紧张就能在生活的缝隙中四处扩散。婚后夫妻间的争吵,有一半是因经济压力造成的精神疲乏导致的,许多做父母的问题也是出自于此。意识到了吧!那就承认吧。找个时间好好想想家里的经济问题。面对恐惧,直视恐惧。跟爱人好好谈谈。然后把它扼杀在脑海里,不要让它侵入你们亲密的生活。

找几个好朋友互相谈谈各自的经济难题,然后好好研究一番。听听他们痛苦的倾诉,但觉得自己听够了,快听吐了,就把注意力转移到你生活的行动上来。

很多情况下,缓解紧张的办法就是放下兴奋点,朝相反方向着力。丹·斯特林就不再去想人家欠他钱的事。他会这么对自己说:"老是这么抱怨实在是没什么用处,还不如好好想想怎么样帮他们,好让他们尽早还我。"

他想出了一个计划。在他看来,这计划能够帮助欠他钱的那些人慢慢过上好的生活。第一个债务人是个倒卖二手家具的人——丹就介绍一些人带着自己的名片,到那里去帮忙照顾点生意。第二债务人是个农民——丹就安排他给城里的朋友送鸡蛋。第三个是个音乐老师——丹就带了一批学生过去。他说他尽了一切力量帮助这些人还他钱。果然，一年之后，欠款全部收齐。

只有当你的生活变得更好时，你的投资才叫有了回报。不自我妥协，才不会轻易浪费资源。追求财富，就怕经受不住诱惑，为了满足挥霍上的自我舒坦而放弃了自我能力的施展。你同好运合作，它便给你回报；你同生活联手，它就是你的帮手。

成功的习惯

一件坏事,如果你没有干,应该值得惊喜。如果老天没赋予你摸索试错的能力,那么你将永远被这个社会所束缚。所以无论是什么事,只要不是好事,你更应该为自己没干下去保持微笑和感激。

当你碰到一个看上去无精打采、毫无朝气、毫无壮志的年轻人时,可不要觉得他肯定是病了。想想看,当做着自己不乐意的任务时,你是该有多么疲惫。无趣就是人无法舒坦地继续原有生活方式的信号。

你会说,是的,没错;但我们得工作啊,有了工作,才有钱吃饭,有了钱吃饭,才能享受生活。确实如此。但我必须得说,这也是些伪文明的调调,基本不考虑他是否适合这样的工作。连各自的天性都不弄清楚,就被当作战士拉到工作的战场。失败只意味着能力不行。这些过去的调调到现在还仍受欢迎。

雇用你的人都是有私心的,你创造出的价值必须高于他给你的报酬。你越是主动、警觉、高效、有活力,你就在职场上越受欢迎。所以在找工作的时候,你得问问自己:"我到底是更爱工作,还是更爱我的生活?以我现在的条件,能做到两者兼顾吗?"这首先是能否适应的问题。

人分为两种:一种正在工作,另一种觉得自己想要工作。正在工作的人辛苦操劳以使得自己成为不可缺少的一员;那些只想工作的人,希望能自己做事。但是,这并不是否定社会在工作方面的公平,而只是根据经济界限对人做出分类。

在有些人看来,这个问题非常难以回答,并非是因为他放纵或者懒惰,而是由于他太过优秀。可无论一个人多么优秀,他还是得决定是工作或者是当个自由职业者。如果是要稳定,那么一有机会,他就得想尽一切办法把它抓住,一边保持自己的信仰和品行,一边使自己的行动满足经济上的要求。我每天能垒八个小时的砖,晚上还能为社会干些有益的事儿,多少晚上都行,只要我乐意。我能一边工作,一边思考。并不是说社会风气如此,我就行为退化,或是变得如银行家那般贪婪。

无论我的进步有多大,我都不会因自己的个性不被我努力奋斗的领域所接纳,转而开始跟社会较劲。在当今世界,好运首先意味着你能有效地处理自己的个性与世界的关系。

以下四个方面可以解决大部分失业问题：

1. 适应社会风气。
2. 拒绝妥协：秉持本性并努力使其更加牢固。
3. 工作时尽职尽责，使自己成为有用之人，不可或缺之人。
4. 培养兴趣爱好，它不仅可以放松心情，提高创造力，还可以营造更舒适的社交和经济环境，将创造力付诸实际。

若是以上几个方面没平衡好，人就容易失败；而没适应好，或者适应过头就最容易失败。一旦在社会风气中妥协，人就容易受不良影响。而精神一旦遭受侵袭，人就容易感到空虚，毫无安全感。

诺伯特·威尔斯一直都对未来感到困惑和迷茫。他无计可施。所有人都在说"这机会不错""那职位有空缺"，可诺伯特表示怀疑。他失败得太多了，几乎对一切都失去信心。不过他也有自己的个性：这个年轻人喜欢侃侃而谈，与人交流；喜欢闲逛；不喜欢守时，一成不变。他的父亲就因他不循常规而常常斥责他。

诺伯特曾向职业顾问咨询过，那人建议他在脑海里整理出自己的喜厌好恶，这种做法或许能让他找到适合自己的生活方式。

"让我想想，"那位专家沉思了一会，"你不喜欢循规蹈矩，但喜欢与人争辩。这或许意味着你喜欢说服他人，适合做宣传之类的工作。跟不同的人交流会让你兴奋。来，想想看，如果专门去做这些事，你还没觉得高兴吗？"

"当然，但我得糊口。"

"那如果是为了特定的目的，乐趣会减少吗？"咨询师继续问道。

"怎么会呢？我认为这会让我在辩论中更容易占据上风。"

"好的。你看，你喜欢说服他人、教育他人，喜欢带着目的或使命与人攀谈。那你想过去干保险推销吗？"

"没，从没想过。"

"我们来好好想想。这可是完美地发挥了你的所有个性。你可以设想自己干了这份工作之后的情景。每天晚上设想一番，思考一下这份工作是否值得你去做、是否你愿意去做。"

有三类人会遇到就业困难：想找一份称心如意的工作的在校学生；已毕业但不知自己想干什么的待业人员；还有一类人就像诺伯特这样的成年人，每天盘算着该怎么去过日子。

解决这三种困境的主要方法在于：让工作适应人，而不是人去适应工作。事实上，这也是唯一行之有效的办法。

现如今，几乎每所学校都有方法测试你的能力。你附近的大学就有心理学部来告诉你如何进行测试。

描述一下你接下来十年的打算。当然，未来也并不一定如你所愿，但意愿也有它强大的力量。知道自己的意愿，明确自己的目标似乎能够产生一系列连锁反应。你不仅得写下你的愿景，还得写下如何去应对困难。

有件事是可以确定的：即便你还没找到工作，只要你跟随自己的兴趣，磨砺自己的才智，培养自己的喜好，你的人生就谈不上失败，你的社会成就也谈不上失败。相信自己，你就永不会败。

假设你即将死去，你回顾自己的一生，问自己："如果还有来生的话，我最珍视的会是哪些？"所有那些你在死前珍视的，就是你现在应该珍视的。

最好尽快去买本威廉·詹姆斯的《你最应该珍视的》，读个十遍。好好想想他所说的努力重振雄风。当你遭遇失败时，持之以恒地去做自己该做的，满怀信心地等待成功的降临。

下面的评估指数并不是就业指导，而是系统思维的一个例证：

100%——天才

90%——很强大

80%——强大

70%——比较强大

60%——稍显一般

50%——一般

40%——很一般

30%——稍显柔弱

20%——柔弱

10%——很柔弱

0%——零

记录你的天赋值或对以下类别的兴趣值,将你主要的天赋进行整合就可以看到你的能力。

对职业喜好趋势的分析:

数学____%

医学____%

政治学____%

军事学____%

社会学____%

力学____%

化学____%

电学____%

宗教学____%

教育学____%

商学____%

文学____%

诗学____%

艺术学____%

建筑学____%

科技____%

法学____%

音乐____%

农学____%

戏剧____%

民主____%

心理学____%

批评学____%

手工学____%

在这里填写最主要的五个禀赋：

例如：

布朗可能填写如下：

戏剧　　90%

文学　　80%

心理学　80%

艺术　　70%

批评学　90%

他的整体能力值为：戏剧批评——82%

这只是一个非常简单的举例说明。事实上，职业的种类有五百多种，细分下来更是好几千种。以上的 24 种只是职业的趋势。

接受你的过失

不知你是否注意过,那些因懊悔而不安的人,往往都无力偿还他们欠生活的债。他们只会继续扮演着破坏者的角色,而且只要我们的道德标准认可掠夺性的感情主义,他们还会继续下去。

我想说的是,懊悔只会使人感到悲伤、沉重而消极。它能摧毁人的有用性,并阻止人们将力量联合起来,因此,它是一种彻底的邪恶。当它的忧愁在于自我满足感,当它的悲伤在于受虐,那么它实在没有任何存在的必要。

因此,我们应该学会接受过失。既然木已成舟,那就让我们接受它好了。它能带给我们奇迹。

四年前的克拉拉·阿特沃特很少露出笑容,她的眼睛里面弥漫着忧伤,罪恶感充斥着她的内心,用它们的刺刀刺痛她的良知。它们咆哮着,让她都怀疑自己是不是一直在犯错。

这种方式导致她的疯狂与更多的失败。担心失败,但是更多的失败却接踵而至。过失会使我们更内疚。她认为麻烦是她应得的惩罚,这种信念摧毁了她所有的勇气和力量。

可以确定的是,如果你因为自己曾经犯错而感到惭愧,那么你将无法改正它们。那些暗自觉得自己被奉若神明的人,只要出现问题,就会感到苦恼而失望。既然是圣人,是绝对智慧的人,那么他们的行为当然得完美。然而,我们知道犯错有多么容易。我们一直在犯错,但是也在耐心地纠正这些错误。

回忆中总是充满着黑暗。与其因为不敢做某事而懊悔,倒不如因为犯错而痛苦。无论结果如何,勇往直前本身的力量都能予我们以保护。

眼下的困难已经够糟糕了,为什么还要让它承载着过往的悲痛呢?事实上,每当你因为自己的问题而感到懊悔时,你就已经在这样做了。有些人,每一天都背负着半个世纪的重担。那些因为怀疑自己而浪费时间的人,实际上已经不知不觉地品尝困境造就的苦果了。

以下是我们常犯的一些错误:

十二个需避免的过错

不懂得停下来想想自己要的是什么;

害怕说出我们的目标;

总是行色匆匆，而不会停下来"欣赏"沿途的风景；

不采取行动：不敢前进；

因为小过失而感到恐惧，将其看得过于严重；

因为没看清所有的事实而感到焦虑；

变得情绪化，自私而又以自我为中心；

因为对责任的错觉而感到迷惑；

因为害怕问题的难度太大而夸大困难；

从各种角度曲解现在；

总是盯着困难，而不去想怎么解决；

错过冒险的愉悦——征服困难的冒险。

要想成功，犯错是在所难免的，没有人能做到不犯错就获得成就。**满分是最愚蠢的理想。**如果你不敢挑战环境，那么它会反过来挑战你，永远不要让困难抢占先机。当行动不可避免时，不妨冒险一试。毫无作为比欠考虑更为糟糕。有一种愚蠢叫想太多，在人际关系中尤其如此。**犹豫不决就会被牵着鼻子走。**

行动才是其秘诀。可以思考，但是无论如何请采取行动。毕竟，如果你从不犯错，那么你也没有机会纠错。在漫漫人生征途中，如果你想获胜，那么你就得遵守平均法则。运气光顾时，便会起；运气离开，便会伏；很快便因这种上下颠簸而头晕目眩。当游戏简单时，收敛你的光芒，留待艰难时刻用。成功，有赖于你的平衡。

若你因为自己在无私方面做得不够而感到惭愧，那么你很可能陷入死循环，忧郁地躺在床上想着你的麻烦，却绝不停下来花时间分析事实以弄懂真相。只有当我们对犯下过错的人怀有信心时，我们才可能从过去的错误中收获经验；如果犯下错误的正是你自己，那么只要你仍因自己的缺点而惭愧，你就无法做到更好。一旦你遭到自卑的刺痛，那么你便会重蹈覆辙，沿着传统的污渍爬行。

随着自我的退化，毁谤他人会变得非常容易。我们的自卑会传染给最亲密的人，如果我们不放弃这一点，那么它将造成永恒的祸患。不要让他人因为你的所作所为而感到内疚。因为每个人都更容易指责他人，不要让他人因为这一点而内心局促不安。

在某种意义上，这是一个关键性的错误，是掩藏在我们通病下的一种无知的习惯。从以下列表中我们可以看出它的存在：

导致失败的 72 种方式

强迫他人	利用血亲
让他人感到内疚	为了钱骗人
推卸责任	将伴侣视为自己的"所有物"
试图剥削他人	对爱人无礼
鲁莽的自信	因争辩而发火

不给他人表明想法的时间	以高人一等的态度对待同事
大喊大叫以说服他人	试图强迫他人
对尚未表达完全的观点挑剔	不解释却期待他人的理解
不愿合作	在女人面前有优越感
给爱人太大压力	在男人面前婆婆妈妈
轻视某些观点	将恐惧传染给小孩
说话没根据	因受伤而报复
认为他人经常任性	自负而不光明正大
以貌取人	毫无理由地接受建议
对小孩不尊重	太刻板、死脑筋
不断自寻烦恼，除非被人阻止	缺乏幽默感
选择错误的时机提到某事物	因呵斥而生气
承担过多的责任	进退失据
独裁专制	试图覆盖所有点
用压力恐吓他人	无法集中自己的注意力
正义感太强	结果决定心情
认为困难是永恒的	认为所有人都是有教养的
认为自己的偏见正当	相信传统和标准
替人受苦	期待实现完美
寻找替罪羊	根据现状判断生活
认为生小孩可以挽救婚姻	相信命运
指责他人的传统	当需要采取行动时不敢冒险

半途而废	不敢改变局势
害怕实验	对事情放任自流,直至危机出现
失去冒险的动力	缺乏中心目标
过于注重结果	不懂得审时度势
因挫折而放弃	不接受现实
认为差劲的工作能得到许可	不懂得环顾四周
依赖运气	乐观过早
缺乏选择	受先前失败的影响
没有规划	长久地忍受某种处境

只有你我都核查自己的不良行为,或者让妻子帮我指出它们——**并予以改正**,阅读上述这份名单才有价值。对大多数人来说,当他们意识到自己犯了小错误时,会变得自负,并因为自己导致的窘境而生气,好像造成这种局面的是他人的愚蠢一样。当处于这种情绪中时,他们不会给同伴机会去了解为什么必须弄清局面。只有那些将自己的骄傲置之于外,同时完整地记下问题所有的正反面的人,才能够很快赢得合作,并对计划做出调整。

你可以列出所有导致你犯错的原因,并将它们与使你成功的原因进行对比。事实会自己发声的,当然,前提是事实得存在。无论如何,放下你的恐惧和愤怒,因为它们无益于任何人。

在某种程度上,这是成功解决问题的基础,因为征服困难的第一步往往都是放弃你的抗拒。大多数人都会犯这样的错误,那就是目光盯着问题本身,而不是如何解决它们。问问你自己:"麻烦为什么会产生?它只是为了带给我烦恼吗?还是来帮助我成长和增强理解力?"任何事物的到来,都有其原因。

为了说服自己相信这一事实,你可以算一下以往的麻烦带给了你什么。扪心自问,你是否愿意失去这些麻烦带给你的成长,当下痛苦的遭遇是否于你毫无益处。事实上,我建议你记住以下要点:

处理问题的十种方法

不要抗拒问题,麻烦无时无刻不在。

善待造成困境的人,温柔地接受能缓和冲击。

尽快熟悉问题,熟悉才能洞察。

尝试从令人讨厌的经历中发现你需要学习的东西。

我们的成长痛并快乐着;很多困难无法克服,但是它们会过去。

尝试发现遭遇中的乐趣与浪漫,是的,还有欢乐。

问问自己,你是否真的如你想的那般心烦意乱。

尝试找出困境中好笑的一面,而且你总能找到。

永远不要放弃化敌为友。

无论发生了什么,记住好脾气往往无敌。

如何面对危机？

有效面对危机只有一种方式，那就是迎难而上，正面相迎；其他任何需要妥协的方式，如回避或者采用权宜之计，都只会导致失败。拒绝面对灾难，并不能阻止其发生。

很多年前，一群人遭遇到了一场危机。其中一个人（帕特里克·亨利）知道坚定才是力量，于是大喊道："如果我们不同心协力，结果必将四分五裂。"幸好，他懂得如何做决定！多年后，一位船长（约翰·保罗·琼斯）被人要求交出船，面对这场战争，他没有放弃，迎风眯着眼，猛地倒向敌人护卫舰的末端，抢占了一个安全的位置。因为他懂得在充分考虑后，出其不意与意志坚定有多么重要。

历史记载了许多类似的胜利，面对危机时，他们都动作敏捷，用尽全力勇敢拼搏。直到现在，人们仍然普遍认为这种精妙的决定源自天然的勇敢。然而，研究结果却并非如此。有勇无谋导致失败和造就成功的可能性几乎一样。真正的英雄必须是有备而来，绝非冲动行事。在歌德看来，天才"在耐心方面拥有无穷的力量"。我不太相信随便的胜利就能造就伟大。如果单纯靠运气，人是不可能经常获胜的。

难道你会因为汉尼拔穿过比利牛斯山脉的后门入侵意大利，给了罗马人一个突然袭击而觉得他不那么勇敢吗？他装备齐全地带着大象横过阿尔卑斯山脉，是历史上的骄人功绩之一；但是汉尼拔富有想象力的计划、他对时间的选择以及他的果断，并未降低他的英雄地位。

在当今这个技术占据主导的世界中，我们需要重新对最为伟大的机器——人类的大脑予以尊重。我们必须更新对其能力的信念，并弄明白如何训练它们以进一步征服环境。

你是否曾问过自己技能是什么？假如你在一次车祸中受了伤，从一辆经过的汽车上走下来一个女人帮助你，她温柔而敏捷地给你包扎了伤口。她是一个护士，当她手上一边做事，一边稳定自己的情绪时，已经开始帮你了，通过帮助受伤的人来贡献出自己的力量。她的无私，有赖于她自身的发展。因此，当你意识到这一点的时候，不妨加强自己的记忆，并充分运用它们。当你发泄的时候，加快速度并阐明自己的想象力；当你寻找的时候，提高并运用你的判断力，你在做真正的自己，你在武装自己,以便为服务他人而做好准备。

这种利他主义并非自我牺牲,相反,它是一种自用。有句高尚的话是这样说的,"那些献出生命的人,必将找到它",但它并不是说随意置你的权利于不顾。美德并非存在于善良中,而是存在于实现这种善良的行动中。软弱不可持久,你不能做一个无趣的老好人。

此外,生活的艺术在于保持你的活力,在于发现如何引导它,这需要我们不断地学习。自我们婴儿时期为了达到某个目的而号啕大哭开始,这门课程便已展开。感觉是意识的第一要素,它能告诉他人我们饿了、冷了或是尿湿了。我们渴望舒适;当意识到我们能从父母、护士还有家人那儿获得帮助时,我们便学会了表达出自己的诉求。在我们能自己动手前,这都是正确的。只有在自我能够适应其他自我的需求时,这个漫长的学习过程才会开始。

调整自我以适应社会是一种进化,也是一种逐步的觉醒。要想获得快乐,那么我们在推进目标的过程中,就需要找出帮助我们实现自由的方法,如果我们意识不到这一点,那么我们就会像正在发脾气的小孩,逐渐演变成一个小小的自私自利之人。

面对危机时的一些规则

停下来仔细思考,然后勇于行动;使自己成为征服的一种工具。

赋予你智慧，只有一个目的，那就是运用。所有生命中最大的秘密都可以用一句话来概括——学会倾听你的心灵。抛下那些碍事的偏见，并认真思索，不要受到过往的牵绊。真正的智慧在于对现状产生新的观点：去看，去听，去触摸，还有去总结。

我们常常认为，如果某事某物变了，或许我们可以实现奇迹。的确如此。如果没有了个体特质，如果我们没有了那些病态的自我中心，或许我们会成功。面对危机，从自身做起。

关于打开思维的警告已经很多了。对于一个刻板之人，口哨就是口哨，鸣叫就是鸣叫。他不会动脑子去考虑它们的含义。他这种事实上的不切实际导致了他的失败，在面对很多事情时，他都无法有效地了解其意义。

数百万人都在寻求指导，但一切都是以他们为中心的。任何事物都充满了符号，以自我为中心的人却看不到。其秘诀很简单，放下你的骄傲，就如同取下过大的眼镜一样。与传统相比，现代科学能够更好地打薄镜片，对自负而言亦是如此。对于如今成千上万的愤世嫉俗的年轻人们来说，这一点更是需要铭记于心。我们必须意识到，对于基础的生活艺术，我们其实知之甚少。

调整也需联系实际。你不仅要看到生活，还应观察生活。这也就是为什么那些只忙于事情本身的人无法真正控制它们。最傻的是那些知道事实，但却不知道它们含义的人。

有先见之明的人才能影响结果。真相不仅仅存在于事实中，也存在于事实的倾向、趋势、动向以及演变中。生命从来不是一成不变的，昨天演化成了今天。我们的动机在不停地运转，促进事物的发展变化。成功有赖于你如何对这些动态变化做出反应。

古代的人们劝我们三思而后行，如今，我们应该加上这一句——感觉而后思索。缺乏情感的智慧是无力的。你可以花上数年研究那些数不清的理论，却不将其放在心上。要想成功，首先你得有渴望。激情是激发目的的增进剂。

没有目的的人，就如同废人一般，或者说还不如废人。聪明却无所事事的人太多了，他们毫无章法胡乱行事。千万不要沦为他们中的一员。反复感受，反复摸索。没有情感，也就不会采取行动。行动和激情实际上就是一回事。

是什么激起了你对于处境的愤怒？找出一些使你愤怒的点，从它们下手。但是你得告诉自己，坚毅的镇静源自成熟的激情。幼稚的人发脾气会抨击，会气急败坏，会大喊大叫，还会争辩不休。就如同一个吵嘴的小男孩儿一样，靠的全是威胁和提高嗓音。成熟的愤怒是安静的，如同死亡一般。它只会在内心筹划，而不会让人产生吵架的冲动；它迫使人手头上必须做点什么，但却不想说话。不要减轻你的愤怒，要利用它。以自己的判断力为引导，以自己的智慧为指引。但是要学会倾听，倾听它的声音，要懂得控制脾气和愤怒。

在每个人的心中都存在一个英雄和一个懦夫，这二者都是他自己。一个人因为他时刻所展示的一面被认知，因为他所嫉恶如仇的一面而被热爱。用你的愤怒来对付懦弱，你将收获勇气。

无论如何，不要像死人一般。有些人听说了那种寡言而强大的人，于是也采取这种如石头一般的风格，束缚自己的情感，显得冷冰冰。但是，默默地努力和低调的成就，并不是否认快乐与微笑。

有些人花费数小时的深思熟虑所摆出来的造型，全是假的。伪天才通过自己那些沉默的滑稽动作来使自己相信自己的聪明才智。然而，正确的判断如同光一般迅速。时间飞逝，圣人若迟钝，也易过早衰老。

放下你的身段，以此来激发你的智慧。问题越严重，你越应该运动。不要光坐着沉思。站起来，到处走走，舒展一下身体，多与人交谈。汽车上坡时耗油更多；思考越艰难时，大脑中需要的血液也更多。优秀的推理实际上是细节问题。因此，别忘了，傻瓜才会安静地躺着，独自思考。当你在动时，你的智慧也会跟着动起来。

换言之，人要动起来，就如同有好几个大脑一样。如果你以自信的人为榜样，那么人们会自动将你归到那一类人中去。

这并不意味着你必须随着人群奔波。因为虽然有很多人在不停地奔走，但他们却毫无规划。你无法改变通往智慧的方式。只有行动和无效运动意思是一样的。

因此，我们行动时必须怀有深思熟虑后的目的。当你开始做一件事后，仔细地观察它。只要它有进展，生活便会展现出其创造力。推动它，其实就是帮助你自己。开始一件事，并给予关注，就像是处理你自己的问题一样。

总能找到一个地方供你摆脱你的负担。

十二个导致失败的原因

认为金钱是绝对的，因此无法采取行动；

过去与现在的冲突，互相矛盾的结论，让老一辈干扰你的生活；

阻止相反政策导致的混乱；

认为疾病是绝对的，无法接受；

产生错觉，认为局面无法改变；

遇到困难时，习惯性屈服；

不同价值观导致的理念冲突；

快乐和成就原则的冲突；

因为在亲密关系中不适应导致的僵局；

人际关系中发展方向相反导致的紧张，即你这样，他那样；

错误地接受了有害的环境，导致停滞；

由于害怕和道德焦虑导致的阻碍。

绝对不要让某种僵局持续超过 24 小时，任其自流。

八种虚假前提及其如何产生作用

认为同一事情或局面对于他人和你同样重要；

遇到某种困难时，认为他人与你同样痛苦；

想象命运和世界都在与你做对——仿佛是有"预谋"一样；

认为没有解决之道，找不到答案；

认为他人与自己都没有自我的权利和偏好；

认为自己是宇宙的中心，无论大小；

认为世界是文明的，而不认为世界靠的是各种礼仪的粉饰；

认为事实总能被发现，认为对与错都是绝对的，看不到它们间的联系。

十二个容易造成麻烦的观点

认为不管怎样，你都能在世上活下去；

认为有赚钱的捷径；

拒绝养成工作习惯，真正的工作习惯；

过于劳累，得不到放松；

认为自己不可能学会如何安睡；

因为自己麻烦不断而责怪他人；

认为运气在与你做对；

不行动，等待好时光的光顾；

更追求安逸，而不是克服困难；

让他人支配你的生活；

承担属于他人的负担；

任爱情的诱惑摧毁理智。

一些被误称为自私的行为

自己选择职业；

自己选择结婚对象；

自己决定交哪些朋友；

自己决定信仰问题；

寻找自己认为最好的环境；

自己使用时间；

拥有正常的娱乐活动；

保护自己的隐私；

决定自己应承担的责任；

衡量自己的标准；

自己决定对错；

拒绝不诚实的妥协。

当然，如果你无法从这些列表中找到与你生活契合的点，并采取行动改变自己的处境，那么阅读这份列表并不会带给你任何好处。无论如何，至少你可以使困难不再发展，并阻止它们控制你的生活。只要你想，你就能做到；只要你停下来认真思考，你就能做到；只要你规划出不同的方式来完成那些必需的改变，并采纳合适的方式，你就能做到。即便你行动不够敏捷，无法阻止困难的产生，但这并不意味着你无事可做。**记住，每一天你都会拥有新的机会。**

当"先见"沦为"后见"，你该如何做？

心甘情愿承认自己犯了错误；

认识到每个人都不是永无过失；

思考如果你及时做出了预见，你会怎么做；

在已经发生的事情和你还能做的事情间取得平衡；

对计划做出调整，搞清楚自己可以采取哪些补救措施；

采取行动——尽可能高效地执行计划；

不要奢望完美的结果；

接受这一点——你可能需要比原来付出更多的坚忍和耐心；

不要因为自己过去的犹疑不决而责怪命运；

立誓坚持到你逐步纠正了所有的困难。

获得成功的八种途径

着眼于现在；

尽力解决眼下的问题；

不过分注重结果；

面对困难时保持客观；

听从直觉的指引；

充分发挥才智；

利用五官感觉，学会观察；

行动，永远保持主动性。

面对困难的十二点忠告

困难越奇怪，解决方法也越不寻常；

解决极端的困难需要采取激进的措施；

在证实之前，不要认为你遇到的麻烦特别难对付；

解决生活中的困难就像做算术一样，是需要计算的；

找出最靠谱的方式和最负责的人；

不要想当然地认为他人故意给你制造麻烦，甚至觉得他们会把你放在心上；

不要因为他人无意的伤害而责怪他们；

不要因为你不控告造成不良行为的人，而放弃谴责不良行为；

无论问题指向谁，都应该直面真相；

记住你的邻居或者家人都不是天使，我们都只是凡人；

以同样的宽容对待身体有问题和精神有问题的人；

大多数困难的产生都是因为无知和误解；在你继

续前进之前，摆脱它们。

解决问题的秘诀

熟悉问题的方方面面。使自己设身处地位于各个部分，就好像你真的在其中。看、听和触摸你想到的任何事物，彻底将你的想法视觉化，完全的触觉化，使对话生动化。

查探你使之成真的各部分之间的关系，弄清楚一个部分或者一个人是如何影响其他部分或者其他人的。

开始自由联想，让记忆在与之相关的更为重要的点之间自由浮动。然后尝试梳理记忆回顾，通过这种控制联想和逻辑联想从过去经验中获得指引。

将这些资料分组整理并进行系统化。

尝试得出一些结论并对其进行对比，这样很可能找到问题的答案。

然而，最为重要的事并非欺骗我们自己，使我们认为未来一切都会运转良好；相反，我们必须做好准备应付将来的麻烦，并且要比今天我们所做得更好。

如何生活得更惬意？

处理所有的问题，都有一条基本准则，虽然它经常得不到理解，这条准则就是：**在你找到方法改变整个困难局面前，不要在它身上耗费过多的时间**。医生诊治疾病，通过手术处理伤口，工程中应对机器问题，都是如此。无须疯狂地专注于事情本身，只需直截了当地采取行动，例如叫救护车、开药，或者提供支持。

紧跟着客观科学这一重要原则之后的是接受经验，并对其保持客观的态度。看电影、读小说和历险故事，还有坐在那如痴如醉地观看旅行纪录片，都只是为了听取他人困难中的戏剧效果。

千万不要在没有选择的情况下做出决定；也不要在逼不得

己的时候才转向其他选项。把这些选择一一摊开,将它们准备好,就如同存在银行的钱一样。

练习处理问题能够使人更有智慧。逃跑无法教会你解决问题,只有处理问题才能做到;抱怨自己的伤心事,于你于他人都毫无益处。**活跃你的大脑,挥动你的双手,并闭上你的嘴,这样才能创造奇迹**。想出一套行动,然后分析它们,逐步分解,如果你先找出了它们的薄弱之处,那么其他人便失去了这个机会。

这让我想起打保龄球时的**九瓶技巧**。我认为,如果人们能想出至少九种解决问题的方式,然后像打保龄球时滚球一般,对其逐一进行抨击以否定它们,那么他们解决问题时肯定更加容易。如果是我,我会选择那些最后被打倒或者始终屹立不倒的方法。我还通过这种方式解决了许多其他问题,因为我发现许多看上去不太有意义的建议,往往却是最佳解决方式。

通常,真相如同天空一般,无边无垠,但却不会改动一丝一毫。实践中得来的智慧,即便再微小,也远比纯理论更有力量。因此,在处理问题时,我们必须得具体,并问问自己:"问题出在哪里?问题为什么会出现?还如何纠正它们?"这才是智慧。

"我们该如何开始?从哪里开始?谁能帮助我们?"这是常规的方式。只有知道你想要什么,并在它与你能得到之间设定一个比例,你才能得到它。当境遇改变时,迅速地提高你的需求。在任何时刻，你能得到的都只是相对的。它取决于你在面临如何持续改善境遇时的专心、见解、技巧还有坚持。

重要的并不是知道那些有用的方法，而在于养成有条理地思考的习惯。譬如说，你想要满足吗？你可以参考以下建议。

满意因子与烦恼因子平衡表

在任何情形中，都存在令你高兴和生气的事物。你对它们的反应是非常主观的，而且无可厚非。有些事物你喜欢，而他人可能觉得讨厌，但那是他的事。在大多数情况下，你们都能够找到自己喜欢和讨厌的。发现并选择出你的满意因子，并促进它们的增长。拒绝并抛开你的烦恼因子，不要让它们毁了你的快乐。或许你喜欢个人的小天地，但你的丈夫更喜欢和人群在一起。那么你可以让他与人群待在一起，但是告诉他不要让那些人进入到你们的小天地。

反复接触

同一件事情，你做的次数越多，便越觉得容易。你与困难中让你害怕的事物接触越多，你的恐惧便会越少。

从令你恼怒的事物中选取一些你认为最容易处理的，反复与它们接触。不停地这样做，并逐步加深和拓宽你接触的难点范围。通过这种方式，你可以克服最为困难的问题。

表达观点

大多数人的想法都会因大量愚蠢的观点而歪曲，这些愚蠢的观点往往来自于他人的影响。每个人都会因向处于麻烦中的人"嚼舌根"而感到高兴。摆脱那些让我们不快的东西，对我们来说是一种解脱，因此当别人问我们的想法时，我们便可以视它们为情感出口。

将你自己从这种心理的牢笼解放出来，将你深思熟虑之后产生的对某情况的观点，与他人所说的废话区分开来。但是如果你要坚持自己的观点，那么你必须通过实际试验对它们进行核查。

领悟

令人头痛的事物，有一半来自于模糊、执拗还有胡说八道。缺乏切合实际基础的理论，只会使人更为混乱。

因此，要常常停下来想想自己所处的位置，所做的事情，以及造成你眼下混乱的原因。评估状况这一行为很简单，但是人们却不常做，而对于如何智慧地生活来说，它却必不可少。

苏格拉底问答法

这位古希腊哲学家很烦人，但是那些从早到晚赖在你家的人更烦人。苏格拉底通过看穿人们的话语来找出话语的成因，对于他自己的观点，他也采用同样的问答过程。

在你认为自己通过思考得出的观点中，真正由你思考出来的只占30%，另外70%具有完全不同的情感基础。你的心愿和真正的信念常常像捉迷藏一般躲起来。你必须仔细地找出内在真相，否则你和他人都将蒙在鼓中。

用笔写下来

或许你是个天才,那么这条建议对你来说完全没必要。但倘若你不是,那么你最好不要闷着头琢磨遇到的问题,尤其是在晚上 10 点以后,不要再思考任何问题。

大致写下你知道的事实,草草记下就可以;然后对它们按某种方式进行排序,譬如说,不重要的放一边,重要的放另一边。做完这些后,想象五个完全不同的人会采用什么样的方式来描述你遇到的困难,并选取你不喜欢或者与你不同的方式;将这些全新的态度记在心里,将这些事实白纸黑字写下来,然后着手处理你的问题。

收集事实

在大多时候,人们处理问题不当,都是因为他们在尚未充分了解事实的前提下便采取了行动。列出你已经知道的事实,列出你不太确定的事实,想出如何找出你需要的事实,并将此养成你的习惯。你的努力首先在于收集必要的信息。当你对需要的信息有了 60% 的了解,那么请继续,因为随着你继续努力,剩下的自然会浮出水面。

找出更多事实

在美国,竟然很少有人意识到我们是拥有图书馆的,而图书馆中的百科全书、大量参考文献、字典、地志、教科书、图纸还有其他各种书籍,都能帮助我们"思考现实"。

多年前,三个男人决定去一个遥远的州寻找住处。第一个人乘坐一辆火车去，很快又回来了；他非常失望，还花了285美元。第二个男人整个夏天都在晃荡，走了许多个州，但是却感到迷惑而迟疑。第三个人去了图书馆，读了许多地志、百科全书，研究了地图、天气报告以及农业状况。他给那个州写信索取数据。他在短短数天内学到的东西，超过了其他人数年搜寻才能发现的知识。他的花费是1.87美元。我能知道这个故事，是因为我就是那第三个人。

自由联想

每个人的思想中，最好的部分在于它能给人灵感。作为工具，人的智力可能并没有那么强大，但是在收集想法方面，它的确非常珍贵。

人们在面对困难时，普遍存在的四种错误是：

1. 冲动而草率地采取行动；
2. 听从直觉性而未加核实的"预感"；
3. 贯彻合理但却不充分的观点；
4. 害怕采取行动。

形成直观印象，允许"预感"的产生，然后平静而有条理地仔细思考，这才是理智的思考。

两两比较

人们在思考某个问题时犯错，是因为他们采取的思考方式混乱而无序。譬如说，如果某个女孩想要从她的异性朋友中找出自己最喜欢的那一个，以及为什么。但她对比的却是亨利的想象力与约翰的创造力，那么这种比较是有系统的吗？显然不是。她将二者混在一起考虑了。

当处于困难中，而却不知道该如何做时，列出每个行动过程中相似的要点，并对它们进行比较。然后，分别统计出你支持和反对的要点，并做出决定。

放弃的艺术

大多数时候，我们在人生旅途中都背负了太多的负担，抓住了很多我们并不需要的东西。当处于困难中时，将所有的事物精简至最少。弄清楚哪些价值你可以放弃，哪些努力不再重要，甚至你可以采用哪些方式来降低你对困难的预估。我认识一个女人，她觉得自己不快乐，因为她没有结婚。当她摒弃了"自己是个老处女"这一观点，并看到了一些朋友婚姻的真相后，她的麻烦不见了。

活性因子

在每种情形中，总会有那么一件事、一个人或者某个情况挑起麻烦，并使麻烦延续下去。这就是活性因子。它是我们必须弄清楚的最重要的因素。如果你能找到它，并将其遏制，那么解决困难就不成问题了。

战争的活性因子常常是经济上的贪婪。如果人们能意识到这一点，并坚定地对其进行处理，那么战争便不会发生了。导致麻烦的并不是人们的仇恨，而是他们的愚蠢和懒惰。

七步思考法

在思考任何问题时,人们都应该遵循以下重要步骤:

第一步:思考并总结情况中的效果和事实;

第二步:寻找产生这些效果的原因和推力;

第三步:尝试发现原则,以及特定问题中的一般基础;

第四步:记录并考虑到困境中的所有人;

第五步:列出与问题相关的地点和事项;

第六步:指出困境、人或事中最重要的影响;

第七步:决定什么时候采取什么行动。

调整价值

世界上并不存在完美的答案,不存在完整的解决方法,不存在无须付出便能得到的收获,不存在不含有邪恶的善良,也不存在未经失败的成功。你不可能永远正确,这超出了人们的能力范围。你能做的只有做到最好:适时调整对正确和错误价值观的认识。有些时候,为了避免大的错误,你必须先犯小错误;或者为了做成一件大好事,而先犯一些小罪恶。瞒着你的父亲与你爱的人结婚,好过因为害怕"欺骗"而放弃嫁给他。

从生活中收获更多

大多数人在考虑生命和问题时,都采取了妥协的方式,因为他们试图马上看清所有的机会以及冒下的风险。但你是做不到这点的。首先将你的愿望写在一张纸上,将你的缺陷写在另一张纸上,两张纸都不用修改,直接写出来。然后再找出一张纸，写下平衡点，即在这一段时间，在考虑到缺陷的情况下，你认为自己能实现多少愿望。然后制订计划，使你的平衡点逐年增加。

灵活借用

在大多数时候，依赖自己的双手双脚、依靠自己的努力和口才做事是很愚蠢的。现代化的方式是，使用设备来替你工作。譬如说，无须用双手在花园里面扒泥土，你可以用犁。为了更多地实现你的个人目标，还有很多类似工具可以使用。

以前，一个富人的侄子搬去了中西部。这位富人给侄子提建议："可以经常向他人借钱，但是一定要在约定之期归还。"侄子不解："为什么？""为了告诉他人你是一个诚实的人，如果你不告诉他们，他们可能永远不会意识到这一点。"

"仿佛"的哲学

你的行为方式会影响到你的感知方式和思维方式。你有理由对你的行为做出计划，你的目标会赋予你力量，让你展开计划。如果你表现得像个混蛋，那么你很快便会变成一个混蛋。平和的态度与坚定的行为都是会传染的，你很快便会镇静地思考，带着勇气行动。制作行为方式大纲，列出当你处于困境时的做法，然后严格遵照它。并且记住，如果你"佯称"你想要某物，那么它很可能会成真。正如哈夫洛克·霭理士在《生命之舞》中指出的那样，这才是小说带给人类生活的现实意义。汉斯·费英格在其著作《"仿佛"的哲学》中也表达了同一观点。

用愤怒打败恐惧

在解决困难时，如果恐惧使你不安，那么你可以找出困难中令你愤怒的点。将思绪停留其上，直到你怒火中烧，然后恐惧不见了。或者你可以试试深扒某个困难，释放出你的好奇心，然后恐惧也会消失。我认识一个女孩，她曾经被一个不值得的男人伤害。因为想知道这个男人到底是一个怎样的人，在好奇心的驱使下，她将自己给了这个男人。当你被某种情绪支配时，其他情感的影响便弱了。

改变的力量

每件事情和每个人都处于变化中。当然，再过二十年，你的丈夫也不会变得更聪明，这是非常可能的。但是他在成熟，虽然过程是逐步的。你要解决的问题并非你现在能否忍受他，而是他是否会取得进步。不要将他现在的样子与你希望他成为的样子进行对比，因为结果会让你抓狂的。研究他改变的速度，这才是评估事物应该采取的方式。

钻石与泥土

在南非，人们都挖钻石。挖出无数的泥土，仅仅为了找到一小块不到指甲大小的石头。但是矿工们寻找的是钻石，而非泥土。他们恨不得将所有的泥土都挖起来，以便于他们寻找宝石。在日常生活中，人们常常忘了这一原则，并因为泥土远比宝石多而变得悲观。当麻烦降临时，不要因为其负面性而感到害怕，要看到阳光的一面，并将其挖掘出来。它们如此珍贵，即便需要处理无数的泥土也无关紧要。

懂得结合

当面对问题却毫无头绪时，不妨刻意选取一些与重点相反的点。然后将这些相反的点联合起来，看看结果如何。这种方法常常能给你启发。譬如，我曾经梦想成为一名肖像画家，但是我也很喜欢吃。于是，我将"香肠""蚝仔""无用的东西""顶楼""呻吟"还有"画肖像"逐次结合起来，这项结合刺痛了我的心灵。于是我下定决心，我不愿为了给那些制作香肠的主妇们画像，而将时间浪费在穿蚝仔和做那些没用无聊的事情上。再说，当我画画的时候，这些主妇们很可能还会使我在顶楼抱怨叹息呢。

不要停止实验

人类将数世纪以来取得的最重大的进步都归功于实验者。你和我都知道这一点。但是，我们只会偶尔敷衍地记着这点。当我们面对困难时，我们却很少继续开展聪明、安全而仔细的实验。相反，我们恼怒，我们发脾气。

坚持实验，并对局势的各部分进行调整，以此试验出人们的反应。当你将麻烦事的各个部分进行各种推演后，你会惊奇地发现，事物之间是如此的环环相扣。

请求他人的帮助

我认识一个证券经纪人,他发了大财,但却不是通过自己在华尔街的工作,而是通过一门简单的技术。这门技术只需要一些邮票、一些纸和信封,以及一点时间。每一天,这个人都寄出一批信,请求人们通过不同的方式给他帮助。并不是每个收到他信的人都认识他,他也不一定认识他们每一个人,但是他收到回复的概率非常高,人们总能帮他做点什么(顺便,他也帮他们)。他每天寄五封信,我就曾收到过两次,他让我做的事看起来非常简单并且合理,于是我照做了。不久后,我见到了他,于是问他,怎么会想到写信给我。他向我解释了他那个简单的秘密,而现在我将它传给了你(得到他的许可)。很显然,他的方法奏效了,因为在我的帮助下,他出版了一本书,并且非常畅销。其他的人通过不同的方式给了他帮助。他的秘诀不出错,原因就在于它并不是单向的。**只要你愿意,他也愿意为你提供帮助**。这生动地证明了《圣经》中的智慧,那就是:"你们祈求,就给你们。"

新权利法案

当身边潜伏着太多的愤怒时,那就要来点保护措施了。看看你的周围吧,在如何群居的问题上,家里人的意见与你相左。你也许会认为,即便是自我感觉良好的人,也不能随意践踏他人的基本人权。你的阿姨或者叔叔就喜欢侵犯你的隐私权,老是践踏你的人格。

或者你不喜欢年轻人的那一套自由。你认为人得尊敬师长,但你的孩子却不信守那一套。如果你是个老学究,你认为自己可以随时进入女儿的房间,不管她年纪多大。你会觉得,她可是"我的孩子"。家庭生活就像是一锅粥,各种有关权利和特权的争论都搅和在一起。

政治生活也充满着愤怒。相比欧洲人,美国人在这方面稍显克制，但各路人马也都拉着大旗宣扬自由权，或用着伎俩争夺统治权。商贸工会的人抢起利益来比实业家都恐怖。

我们很少会有人去寻求聪明的解决办法，在疯狂的暴乱和严厉的压制之间寻找一条"中庸"之道。

民主赋予个人权利，这些人权与集体权利相关联，人在满足各自需求时也不会损坏集体利益。但任何土地都鲜见民主的踪迹，任何家庭也难见民主的印痕。

这些都是我们老祖宗定下的规矩。它们均出自于现代科学的专家之手。生物学家、人类学家、社会学家还有心理学家都明白并意识到个人的健康和活力是多么重要，它们不仅关系个人自身，还关系到由无数自我组成的社会。

但是，若仅凭规矩和力量而几乎不对基本人权进行剖析，你还是难以解决日常生活的困难。你不懂为什么建设性的自私是明智的不自私的必要步骤，为什么个人牺牲会破坏社会福利和他人幸福。这些你都应该弄懂。

只要我们的先祖们将纯净视作邪恶，那么几个世纪以前，药物就是用来挑战"性本善"的伦理观的。最初的医生都被关在地窖里来履行医职。如今，人们都在追求心智的成熟、权利的日趋完善。我们相信人的生物权利是不容侵犯的，我们知道人的本能和变动的欲望对生命是不可或缺的。我们看到，当人能做出选择时，他是行使他做人的权利。

现代科学是这么对善意自私加以归类和界定的：

——维护种类生存的生物冲动。

——保护机体的自动表达。

——展现自然行为的功能过程。

——展示个人力量的本能冲动。

——维护个人品行的情感流露。

——追求个人目的的行为。

——巩固主动权的主要力量。

——宣扬精神目的的潜意识冲动。

——张扬个性的人性冲动。

——防止堕落的社会认同意识。

在我们的日常言行中，这张清单意味着你有权享有一片属于自己的私密天地：房间、常去之处、隐蔽之所或者帐篷，总之，他们就像一层保护壳，你可以保护自己的天性不受侵害。吃穿住行都是人的特权，这样来看，社交、与人为善也都非常重要。正因如此，自由、友爱、平等才能共同促进，互相生长，失去这些，就没有安全、休息、玩耍和奖赏。

正因如此，在人类的交往过程中，爱、性、自由才是他们的终极追求。个人的自我保护就成了家庭城堡，每个人都为此趋之若鹜。

以下是**善意自私**的例子：

相信自身获利并不会伤害他人；

相信自身的唯一准则就是竭尽所能；

允许自己去思考、判断、变得更好；

保护和磨砺自己的天赋；

永远怀着爱人之心；

绝不停止进步、进取、升华；

尊重天性，接受自我；

不妥协、不堕落；

爱邻如爱己，并知道如何去爱；

婚姻必须基于爱情，不管谁会受伤；

抵抗和忽略其他恶意的自私；

反抗根深蒂固的偏见；

抵御恶意自私的诱惑；

永远完全、真诚地做你自己。

我们目前的政治自由都是在《大宪章》的基础之上建立的。正是在《大宪章》的基础上，我们美国人才建立起了国家宪法。今天，我们需要另外一部"大宪章"，一部"人权法案"来保护我们的权利。这部法案应该包括以下权利：

人们有权拒绝用高压政策来引导行为；

人们有权捍卫信仰自由，不应有陈规陋习的束缚；

人们有权充分地表现自我的个性；

人们有权实现个人发展，只要不损害社会利益；

人们有权全面地接受评定；

人们有权在性格问题上将责任推给上辈；

人们有权效仿他人，自我拓展；

人们有权根据自我需求改善周围环境，追求自我适应；

人们有权决定自己的饮食；

人们有权根据自己的能力选择工作；

人们有权休息，修复自身机能；

人们有权享受生活：增添乐趣，改善活力；

人们有权选择休息和活动的空间；

人们有权按照自己的方式生活；

人们有权恋爱、做爱；

人们有权遵从种族遗传下来的天性；

人们有权生育，去关爱下辈；

人们有权规避天灾；

人们有权保护、爱护自我；

人们有权避免伤害和疾病；

人们有权豪饮；

人们有权改过自新，自尊自爱；

人们有权要求个人隐私；

人们有权按自己的信念去思考、去体验。

在考虑到现代社会对生活艺术的解释时，有一点必须得清楚，那就是有益的自私并非由任性的自我发展构成。在这个新哲学中，既不会存在等级制，也不会排挤他人。当然，你也不会为了他人的一己之利而委屈自己，也不会害怕竞争时伤害到他人，只是这里不存在贪婪的"弱肉强食"而已。

自我关注最终是为了保护和发展自己的能力，使自己能不断成长。你要相信，到头来，你认为重要的，对别人也是重要的。你要给自己时间去思考、判断、发展；目光要长远，要遵从本心保护自己。要爱邻如爱己，记住耶稣所说的自爱便是如此。

遵照耶稣的指示，你还应该抛弃那些滥情的老调调和无知的自私，随时携带一把匕首同那些根深蒂固的陈旧思想划清界限。不要屈服于恶意自私的淫威。你结婚只是出于纯粹的爱，不管谁会受伤，你随时随地都要做你自己，即便在两人的亲密关系中。

你还要明白，若是忽视、滥用、否认自己的力量，你的人格就会遭到扭曲，你就会成为生活的索取者，而不是给予者。而这就是恶意自私的表现。

原始贪婪和有益自私间的界限之一在于自由人的态度，看他是否认为别人应该考虑他的人格，而他自己却不用这么去做。他并不期待他人对自己唯命是从，也不期待自己的破坏行径能带来点什么好的结果。

如果冒犯到他人，我得提高警觉应对他人的报复，可不能不把这当回事儿。

为了让世界更好，我们宁愿不要少数天才所创造的价值，也不能让他们那弱肉强食的行径得到社会的谅解和效仿。报复是人类的天性，但为此而贬低他人或为自己的利益而剥削他人，这完全是残忍的恶行。

弱肉强食也是恶行，因为它常常打着贸易的旗号四处横行。将自私美化成道德，将罪责淡化为对生活的追求，寻替罪羊，推卸责任，这都是很容易的事。索取者并非只是得其所挣：他们要求每一份付出都得有永久性的回报。他帮你干件事，就期待你永远回报于他。

任何时候，只要占有、嫉妒、统治、虚荣的欲望主导着言行，那就是贪婪在作祟，而非有益的自私。自我主义者要求优先权，而他却总不知足。他想要的必须得百分之百的满足，他做事随心所欲，要求别人对他毕恭毕敬。他可能会毛手毛脚，但你得一丝不苟。一旦有人不从，他就开始砸东西。高尔夫球没打中，他就把球杆折了；东西不起作用，他就把它砸了。那些喜欢指挥的人图的并不是什么结果，而是别人对他的尊崇。

贪婪的人在掩饰自己的目的方面很有一套，比其他人都高明。反而是他们这些人常常满口的仁义道德。

以下就是**恶意自私**的表现：

一面高嚷着"无私"，一面又表现出强烈的占有欲；

常常喊着"自我牺牲"；

老是说着"人得干好事"；

老觉得别人得帮自己干事；

把自己的贪婪建立在他人之上；

喜欢收获，不喜欢给予；

高喊着民主却又剥削着弱者；

相信人有阶级之分，有奢侈的权利；

祈祷上帝对其特殊眷顾；

凡事都喜欢抢风头；

考虑问题时想到的是自己的自尊，而不是真理；

不相信互利互助；

追求个人得失，不顾社会利益；

不喜合作，喜弱肉强食；

为保护自我而拒绝好的行为；

只要是挣钱的事儿，管它什么性质，都去干；

自我感觉良好；

为满足自我而不顾世间之道。

把善意自私的行径同恶意自私的行径作比较，对比会更加明显。

恶意自私的强烈表现：	**善意自私的强烈表现：**
恐惧、愤怒、厌恶	谨慎、勇敢
性放荡、性欲癖	兴奋、善于想象
对待孩子极其严厉	温柔地教育孩子
占有、逃避	好奇、寓性于爱
厌恶、好斗	合群

自我感觉良好	合作
愤世嫉俗、自我否定	同情
嫉妒、怨恨、垂涎、贪婪	建构、操作
报复、主导	玩耍、尊重、喜爱
虚荣、狭隘	自制力、荣誉感
自我主义、报复心强	尊重、忍耐
占有欲强、追求权力	独立、互助
无政府主义、专制	民主与自由

值得注意的是，按照最新的看法，现代哲学家认为当人感到痛苦时，就应该把贪婪、垂涎、嫉妒、报复、仇恨以及欺骗都统统抛弃。只要我们还在追求恶意自私，追求虚假的无私来达成自我关注和同志友情，苦痛就会一直伴随着我们。

意识的觉醒是促成进化的最佳方法。我们并非是要抛弃而是要发展原始行为。当我们意识到它们有多么愚蠢时，这些对抗、敌意就会不再频繁地出现，这些暴躁和卑鄙就会消失。当偏执慢慢变成自我意识的觉醒，傲慢和固执就会开始转变。

正是如此，聪明的人才不会满身带刺，把弱肉强食看作是美德。他们知道事物都在发展，他们也分辨得清谁是没教养的人。这样来看，夸夸其谈并非是件好事。在跟贪婪的人打交道时，一定得谨慎小心。若是处在他的领域之下，你一定得保护好自己的核心利益。你一定得坚定自己的目标，至少要准备好六种不屈服的行为。然后毫不妥协、不动声色、坚持不懈地实施你的计划。**要不遗余力地向自私者表明你的计划**。

当我们的个性发生冲突,致使自私现身时,沉默也同样是明智之选。我们一半是天使,一半又带着魔鬼的属性。有时邪恶的一面会显现,然后一个奇怪悲伤的自我就会现身,满腹憧憬地望着明月,为自己的暴躁悔恨伤神。

有时善良的一面现身时,我们也并没有感到多少收获,除非我们对慷慨有一个清晰明了的概念。太多的人把贪婪的自己打造成清道夫的形象,老在别人面前这样炫耀自己。

有的人生活乱糟糟的,也不讲究,老爱犯错。他很受欢迎。不过,到最后他的错还得你或者他人来承担。不然的话,他也没办法,只能找你。

以下是**恶意无私**的例子:

做好事来体现自我优越感;

观看或者监视他人的道德品行;

一边帮助他人,一边又拼命寻求回报;

为找到归宿感才秉持正义;

以不义之财来获取成功;

为了子女而牺牲社会的正义;

为满足自我不断地从父母那里索取关爱;

拒绝让他人体验行动的结果;

拒绝让他人通过必要的痛苦来成长;

支持自己并不相信的教会或组织;

为了他人的舒坦和乐趣而委屈自己甚至牺牲自己；

为了取悦他人而"违背生活常理"；

否定自己，并沦为他人的负担；

用自负的圣洁来约束他人；

坚持任何违背社会福利的习俗、教义或教条；

将尊崇上帝视为一种社会宣传手段。

如果对一般的"不自私的人"进行研究，你会发现他拥有一种紧缩型个性，他利用自己精神上的无知残害别人的生命。他这是一种伪造的善良，并不属于美德。他打着神圣的名义，束缚住自己的冲动，压抑住自己的欲望，阻碍自己的思想。他因你相信充满活力的生活而感到震惊，因你提倡活力和尊重自然的力量而感到害怕。他竭尽全力地制止你、束缚你，压制你的热情。他厌恶你的热情，或者称之为"内在的神圣"。

"无私"最糟糕的形态就是害怕自我。奇怪的是，人类竟然还没意识到，这种态度在很久之前就已经导致疾病和死亡了；大自然已经清楚地展示了这一原则。每一种抛弃自己力量的生物都会染病。它的成功在于它如何生长，在哪生长，也在于它创造力的方向。在任何时候，压制、压抑和约束都不能称为建设性的过程。

正是因此，紧缩型个性只会以失败而告终，而"无私"的人将沦为同伴的负担。每一个自我牺牲的人身上发生的故事都证明，最终他将牺牲所有人，包括他自己。他生病了，必须得到照顾；他失败了，必须得到支持；他变成了一个破坏者。

同时，扩张型个性并不会因为其活泼的魅力而从他人身上获取。他们获得这样的能力，是依赖者所提供的。他们变成了发展和安全的工具，靠的是发挥自己的作用，而不是牺牲自我。提倡旧式无私的人，崇尚英雄的自我否定。他们寻求的是炫耀牺牲，只要有一次，就已经足够用来满足他们的虚荣心了。他们几乎不屑于做小事，完成不起眼的任务，或者日常琐事。如果他们做了这些，估计会一辈子挂在嘴上。

我们可以将这种不体面的自负与得体的无私进行一个对比，以下对**得体的无私**的特性进行简单的回顾：

积极地对待生活；

推己及人；

在真理的认识面前放弃自己的固执；

积极的不抵抗主义，以正胜邪；

不会为了自己的家人而牺牲人类的最佳利益；

完全而富有创造力地面对生活；

为消除工作中的竞争而献身；

在真正为社会服务时，绝不犹豫；

遵守并提倡合作精神；

坚持并遵守互助原则；

绝不依靠没有付出过劳动而取得的个人收入过活；

拒绝任何阶级、等级和地位上的特权；

以民主为生活的基础,并宣传民主;

允许儿童公平享有隐私、自由、平等和自由思想;

允许每个个体的选择权;

绝不为了个人特权向上帝祈祷。

简而言之,当且仅当你同时也拒绝无情的自负时,拒绝妥协便是你与生俱来的权利。如果不合作,个人将无法享有权利;如果不诚实,互助将不具有力量;如果爱与智慧不结合,那么任何服务都将不复存在。

找准自己在生活中的位置

也许40岁的时候,你的人生才刚开始,这取决于你对人生的定义;在大多时候,死亡也始于此时。如果你是一个女性,刚刚度过了曾被认为是"致命年纪"这一阶段,而处于这个年纪,我们的祖母已经开始戴上花边帽子了。假如你的孩子已经成家,并且住在其他地方,你的丈夫刚刚去世,留给你一笔保险费。你的经历增加了你的能力,但你的神经变得迟钝,腺体功能退化,财务上不够稳定。

难道生命始于冷漠吗?如果不是,那么谁该为年龄的增长负责?事实上,它存在于以下三种行为中:

1. 回顾;
2. 自省;
3. 预测。

当你处于人生最好的年纪时，你最感兴趣的事情是什么？你喜欢去户外吗？那么现在去吧！运动、健身，找回年轻时的活力。你喜欢艺术、音乐和力学吗？你曾梦想出去旅游吗？那么去追寻你的目标吧，即便你只能在地图上展开你的行程，或者只能用口琴创造音乐。复苏是生命的定律。

纵览过往，分析现在。看看你的内心，你有着怎样的渴望？勇敢地去追求吧！每天消灭一两件令你不满的事情，并找到两三件给你满足感的事情。稳稳地朝着令人愉悦的生活前进吧！

最后，对未来抱有期待。你希望自己在老年的时候享有什么样的乐趣？与青涩的水果比起来，成熟的水果更多汁、更甜蜜，也更红润。人生亦是如此。只要你愿意，以后的日子会更为醇香。

梅福德太太经历的变化就是许多人中的一个典型。这种变化来得非常突然。她在回加利福尼亚的途中停留，去看她的姑姑苏珊，苏珊住在女儿帕蒂的家里。苏珊已经失去了自己的生活能力，只能接受着孩子们不情不愿地赡养，她已经沦为了一个爱发牢骚的依赖他人的人。苏珊，才56岁，却已经变成了一个眼含绝望、无所事事的老女人。

"我绝对不能变成一个依赖他人的老年人，"梅福德太太对自己发誓，"绝对不要，绝不能，绝不能。从现在开始，每一年我都要交新的朋友，培养新的兴趣，还要采取更多的行动。我要让我的生活充满活力,绝对不要可怕的孤独。"

老年时期的生活方式源自青年和中年时期的生活。人们只有学会在每一个时刻都有所收获,才会获得相应的经验。他或许是用手指触摸了一朵花,仔细观察它的外表,或许是把一只喵喵叫的小猫抱在腿上。如果他没能从那些零散的生活片段中有所触动,那么他也不会从女神的亲吻或者英雄的成就中收获狂喜。

如果我们的生活要拘泥于那种卓越的荣誉,那么最高的荣耀和最珍贵的爱都变成束缚我们的监狱;如果我们在任何情景中都能为了获得快乐而竭尽全力,那么我们才能穿过商业的俗套和无趣的家庭生活,去找回我们已经丢失的快乐。

离开一份错误的工作,或者结束一段乏味的婚姻,其出路都在于从不幸的遭遇中找到一种养分,帮助我们赢得更好的命运。沮丧的反抗和彻底的屈服都不会带给我们满足感。愤世嫉俗的人和忍气吞声的人,都将成为命运的牺牲品。

如果眼下没有方法解决这个问题,那就继续找。如果你不积极主动,生活不会自行解决问题。相信"对于任何事情,人们能做的就只有忍受"并没有用。虔诚而顺从的人,他们的命运更为不幸。如果我选择袖手旁观并静静地等待,直到有人帮我走出困难,那么估计我得永远地等待下去了。

麻烦只会降临到那些生活没有活力的人身上。只要人们将麻烦视为上帝的旨意,那么它就是上帝的旨意。当他们不再袖手旁观,那么他们也就不再被困扰。

缓解我们生活压力的方法有且只有一个,那就是**勇敢**。随着生命的流逝,你仍勇敢地生活着;否则,你只能死去。为自己设置一个忍耐极限,将其视为你的调整界限,你的个性之墙。无论何人,无论何事,"它们都不能越过"那条线;不管它是麻烦,是责任,还是负担,只要它或者它们试图干涉你的精神,那么请抛下吧!

将时间用于看天上的云彩,听音乐,摆弄各种机械,或者与"情投意合的朋友"开怀大笑。去寻找灵魂的寄托,不要囿于精神上的缺失。如果你忙着应付责任和日常琐事,那么只能说你还活着,靠偶尔的服药来获取刺激。在美国,无数的人都在工作和逃离:以工作来谋生,以逃离来忘却;喝着鸡尾酒,或者在月光下拥抱亲吻,以此来获得一个小时的遗忘。

每个人最大的需求都在于其内在目的,在于他内心关注的某种信念或努力。它在每个人意识的中心建立起一座密室,人们可以从中获取力量。

每个伟大的画家、作曲家或者诗人的心底都有这样一座殿堂。从科学家和工程师身上我们也能看到这一点,它们存在于其内心深处,促使他们创造出新的生活方式,找到拼搏的理由。如果这种内在的活力能够使人们摆正意识,并拥有生活得更好的能力,那么个体便能不断地自我更新,重塑自己的生活,并找到继续生活下去的力量。但是人们缺少的正是这种创造性见解。

然而，如果你无法找到自我，那么你是不可能找到它的；如果你的内心没有这所殿堂，你也无法在生活中找准自己的位置。无论你得做出多少调整，不要放弃内心的存在感，因为它能给你力量，以让你做出调整。日复一日，年复一年，更多的追求将为你创造机会。

能让你做出调整的只有你自己。在你勇敢地说出"我绝对不会自我妥协"的那一刻，它就像大力士脱胎于母体一般一跃而出。只要你永远地抛开所有的自满、所有的妒忌、无情而幼稚的报复、所有的猜忌和贪婪，并怀着科学的精神，顺应自然，找寻自私的艺术，那么它便会永恒地出现。

这种无穷的创造力能创造奇迹，使你找到自我。随之而来的是基本天性的复活，它能使我们逃出自负的坟墓，拥有创造出更美好生活的动力。就仿佛一个年长之人，随着自己的奋斗，抗拒与困惑也突然随之而去。这是一个令人激动的时刻，经历过的人将永生难忘。

很多人将这一改变比作宗教信仰的转变。有一个重要的事实是，第一次经历这种转变的人就能看清生命；当他接触现实时，他也能够回归自己意识的核心。他与生活、与自己都将永不分离；他的思想和行动将不再守旧，而是遵从新的精神意识；生活如同一场冒险，在他面前展开，而他也不再感到恐惧。